Mediterrane Genüsse

Eine Kulinarische Reise ans Mittelmeer

Luca Rossi

Index

Gemüsepaella 8

Auberginen-Reis-Auflauf 10

viel Couscous mit Gemüse 12

Kushari 15

Bulgur mit Tomaten und Kichererbsen 18

Makrelen-Maccheroni 20

Maccheroni mit Kirschtomaten und Sardellen 22

Zitronen-Garnelen-Risotto 24

Spaghetti mit Muscheln 26

griechische Fischsuppe 29

Verehrter Reis mit Garnelen 31

Pennette mit Lachs und Wodka 34

Meeresfrüchte-Carbonara 36

Garganelli mit Zucchini und Garnelenpesto 39

Lachsrisotto 42

Pasta mit Kirschtomaten und Sardellen 44

Orecchiette mit Brokkoli und Wurst 46

Risotto mit Chicorée und geräuchertem Speck 48

Biskuitkuchen 50

Blumenkohlnudeln aus Neapel 53

Pasta e Fagioli mit Orange und Fenchel 55

Zitronen Spaghetti 57

Couscous mit gewürztem Gemüse 59

Gebackener Reis, gewürzt mit Fenchel 61

Marokkanischer Couscous mit Kichererbsen 63

Vegetarische Paella mit grünen Bohnen und Kichererbsen 65

Knoblauchgarnelen mit Tomaten und Basilikum 67

Garnelen-Paella 69

Linsensalat mit Oliven, Minze und Fetakäse 71

Kichererbsen mit Knoblauch und Petersilie 73

Kichererbseneintopf mit Auberginen und Tomaten 75

Griechischer Zitronenreis 77

Reis mit Knoblauch und Kräutern 79

Mediterraner Reissalat 81

Frischer Bohnen-Thunfisch-Salat 83

Leckere Hühnernudeln 85

Reisschüssel mit Taco-Geschmack 87

Leckere Makkaroni und Käse 89

Reis mit Gurke und Oliven 91

Risotto-Geschmack mit Kräutern 93

leckere Frühlingsnudeln 95

Pasta mit gerösteten Paprika 97

Käse mit Basilikum und Reis mit Tomate 99

Makaroni und Käse 101

Thunfischnudeln 103

Avocado-Puten-Panini-Mix 105

Gurken-, Hühnchen- und Mango-Wrap 107

Fattoush – Brot aus dem Nahen Osten 109

Glutenfreie Tomaten-Knoblauch-Focaccia 111

Gegrillte Pilzburger 113

Mittelmeer Baba Ghanoush 115

Mehrkorn- und glutenfreie Brötchen 117

Meeresfrüchte-Linguine 119

Tomaten-Ingwer-Garnelen-Relish 121

Garnelen und Pasta 124

pochierter Kabeljau 126

Muscheln in Weißwein 128

Dill-Lachs 130

flacher Lachs 132

Thunfisch-Melodie 133

Meereskäse 134

gesunde Steaks 135

Lachs mit Kräutern 136

Glasierter geräucherter Thunfisch 137

Knuspriger Heilbutt 138

Thunfisch in Form 139

Frische und heiße Fischfilets 140

O'Marine Muscheln 141

Mediterraner Rinderbraten im Slow Cooker 142

Mediterranes Slow Cooker-Fleisch mit Artischocken 144

Lean Slow Cooker Slow Cooker im mediterranen Stil 146

Slow Cooker-Hackbraten 148

Mediterrane Fleischstücke im Slow Cooker 150

Mediterraner Schweinebraten 153

Fleischpizza 155

Rindfleisch- und Bulgur-Fleischbällchen 158

Leckeres Fleisch und Brokkoli 160

Mais-Chili mit Fleisch 161

Balsamico-Fleischgericht	162
Roastbeef-Sojasauce	164
Alecrim Roastbeef	166
Schweinekoteletts und Tomatensauce	168
Hähnchen mit Kapernsauce	170
Putenburger mit Mangosauce	172
Gebratene Putenbrust mit Kräutern	174
Hähnchen-Paprika-Wurst	176
Gehacktes Hähnchen	178
toskanisches Huhn	180
Kapama-Huhn	182
Hähnchenbrust gefüllt mit Spinat und Fetakäse	184
Gebratene Hähnchenschenkel mit Rosmarin	186
Hähnchen mit Zwiebeln, Kartoffeln, Feigen und Karotten.	187
Chicken Twists mit Tzatziki	189
Moussaka	191
Schweinelende mit Kräutern und Dijon	194
Steak in Rotwein-Pilzsauce	196
Griechische Fleischbällchen	199
Lamm mit Bohnen	201
Hähnchen mit Balsamico-Tomatensauce	203
Brauner Reis, Feta-Käse, frische Erbsen und Minzsalat	205
Vollkornbrot gefüllt mit Oliven und Kichererbsen	207
Geröstete Karotten mit Walnüssen und Cannellini-Bohnen	209
Mit Butter gewürztes Hühnchen	211
Hähnchen mit Doppelkäse und Speck	213
Zitronen-Paprika-Garnelen	215

Panierter und gewürzter Heilbutt 217

Currylachs mit Senf 219

Lachs in Walnuss-Rosmarin-Kruste 220

Schnelle Spaghetti mit Tomaten 222

Gebackener Käse mit Oregano und Pfeffer 224

311. Knuspriges italienisches Hähnchen 224

Gemüsepaella

Zubereitungszeit: 25 Minuten

Zeit zu Kochen: 45 Minuten

Portionen: 6

Schwierigkeitsgrad: mittel

Zutaten:

- ¼ Tasse Olivenöl
- 1 große süße Zwiebel
- 1 große rote Paprika
- 1 große grüne Paprika
- 3 Knoblauchzehen, fein gehackt
- 1 Teelöffel geräuchertes Paprikapulver
- 5 Fäden Safran
- 1 Zucchini in ½ Zoll große Würfel schneiden
- 4 große reife Tomaten, geschält, entkernt und gewürfelt
- 1 ½ Tassen spanischer Rundkornreis
- 3 Tassen Gemüsebrühe, erwärmt

Anweisungen:

Ofen auf 350 °F vorheizen. Olivenöl bei mittlerer Hitze erhitzen. Die Zwiebel sowie die rote und grüne Paprika hinzufügen und 10 Minuten kochen lassen.

Knoblauch, Paprika, Safranfäden, Zucchini und Tomaten hinzufügen. Reduzieren Sie die Hitze auf mittlere bis niedrige Stufe und kochen Sie es 10 Minuten lang.

Reis und Gemüsebrühe hinzufügen. Erhöhen Sie die Hitze, damit die Paella kocht. Auf mittlere bis niedrige Hitze stellen und 15 Minuten kochen lassen. Das Backblech mit Alufolie umwickeln und in den Ofen stellen.

10 Minuten backen oder bis die Brühe absorbiert ist.

Nährwert (pro 100 g): 288 Kalorien, 10 g Fett, 46 g Kohlenhydrate, 3 g Protein, 671 mg Natrium

Auberginen-Reis-Auflauf

Zubereitungszeit: 30 Minuten

Zeit zu Kochen: 35 Minuten

Portionen: 4

Schwierigkeitsgrad: schwierig

Zutaten:

- <u>für die Soße</u>
- ½ Tasse Olivenöl
- 1 kleine Zwiebel gehackt
- 4 Knoblauchzehen, zerdrückt
- 6 reife Tomaten, geschält und gehackt
- 2 Esslöffel Tomatenmark
- 1 Teelöffel getrockneter Oregano
- ¼ Teelöffel gemahlene Muskatnuss
- ¼ Teelöffel gemahlener Kreuzkümmel
- <u>für den Auflauf</u>
- 4 (6 Zoll) japanische Auberginen, der Länge nach halbiert
- 2 Esslöffel Olivenöl
- 1 Tasse gekochter Reis
- 2 Esslöffel geröstete Pinienkerne
- 1 Tasse Wasser

Anweisungen:

Machen Sie die Soße

Das Öl in einem schweren Topf bei mittlerer Hitze erhitzen. Die Zwiebel hinzufügen und 5 Minuten kochen lassen. Knoblauch, Tomaten, Tomatenmark, Oregano, Muskatnuss und Kreuzkümmel hinzufügen. Zum Kochen bringen, dann die Hitze reduzieren und 10 Minuten kochen lassen. Entfernen und reservieren.

Um den Auflauf zuzubereiten

Den Grill vorheizen. Während die Soße kocht, beträufeln Sie die Auberginen mit Olivenöl und legen Sie sie in eine Auflaufform. Etwa 5 Minuten lang braten, bis es goldbraun ist. Herausnehmen und abkühlen lassen. Drehen Sie den Ofen auf 375 °F. Legen Sie die abgekühlten Auberginen mit der Schnittseite nach oben in eine 9 x 15 Zoll große Auflaufform. Entfernen Sie vorsichtig einen Teil des Fleisches, um Platz für die Füllung zu schaffen.

In einer Schüssel die Hälfte der Tomatensauce, den gekochten Reis und die Pinienkerne vermischen. Füllen Sie jede Auberginenhälfte mit der Reismischung. In derselben Schüssel den Rest der Tomatensauce und das Wasser vermischen. Über die Aubergine gießen. Zugedeckt 20 Minuten kochen, bis die Auberginen weich sind.

Nährwert (pro 100 g): 453 Kalorien, 39 g Fett, 29 g Kohlenhydrate, 7 g Protein, 820 mg Natrium

viel Couscous mit Gemüse

Zubereitungszeit: 15 Minuten

Zeit zu Kochen: 45 Minuten

Portionen: 8

Schwierigkeitsgrad: schwierig

Zutaten:

- ¼ Tasse Olivenöl
- 1 gehackte Zwiebel
- 4 Knoblauchzehen, gehackt
- 2 Jalapenopfeffer, an mehreren Stellen mit einer Gabel eingestochen
- ½ Teelöffel gemahlener Kreuzkümmel
- ½ Teelöffel gemahlener Koriander
- 1 Dose (28 Unzen) zerkleinerte Tomaten
- 2 Esslöffel Tomatenmark
- 1/8 Teelöffel Salz
- 2 Lorbeerblätter
- 11 Tassen Wasser, geteilt
- 4 Karotten
- 2 Zucchini, in 5 cm große Stücke geschnitten
- 1 Eichelkürbis, halbiert, entkernt und in 2,5 cm dicke Scheiben geschnitten
- 1 Dose (15 Unzen) Kichererbsen, abgetropft und abgespült

- ¼ Tasse gehackte eingelegte Zitronen (optional)
- 3 Tassen Couscous

Anweisungen:

Das Öl in einem Topf mit dickem Boden erhitzen. Die Zwiebel hinzufügen und 4 Minuten kochen lassen. Knoblauch, Jalapenos, Kreuzkümmel und Koriander hinzufügen. 1 Minute kochen lassen. Tomaten, Tomatenmark, Salz, Lorbeerblätter und 8 Tassen Wasser hinzufügen. Bringen Sie die Mischung zum Kochen.

Karotten, Zucchini und Kürbis hinzufügen und erneut aufkochen lassen. Die Hitze etwas reduzieren, abdecken und etwa 20 Minuten garen, bis das Gemüse zart, aber nicht matschig ist. Nehmen Sie 2 Tassen der Kochflüssigkeit und stellen Sie sie beiseite. Nach Bedarf würzen.

Kichererbsen und eingelegte Zitronen (falls verwendet) hinzufügen. Einige Minuten kochen lassen und die Hitze ausschalten.

In einem mittelgroßen Topf die restlichen 3 Tassen Wasser bei starker Hitze zum Kochen bringen. Den Couscous dazugeben, abdecken und den Herd ausschalten. Den Couscous 10 Minuten ruhen lassen. Mit 1 Tasse reservierter Kochflüssigkeit beträufeln. Den Couscous mit einer Gabel auflockern.

Auf einen großen Teller legen. Mit der restlichen Kochflüssigkeit beträufeln. Das Gemüse aus der Pfanne nehmen und darauf legen. Den restlichen Eintopf in einer separaten Schüssel servieren.

Nährwert (pro 100 g): 415 Kalorien, 7 g Fett, 75 g Kohlenhydrate, 9 g Protein, 718 mg Natrium

Kushari

Zubereitungszeit: 25 Minuten

Zeit zu Kochen: 1 Stunde und 20 Minuten

Portionen: 8

Schwierigkeitsgrad: schwierig

Zutaten:

- für die Soße
- 2 Esslöffel Olivenöl
- 2 Knoblauchzehen, gehackt
- 1 Dose (16 Unzen) Tomatensauce
- ¼ Tasse weißer Essig
- ¼ Tasse Harissa oder im Laden gekauft
- 1/8 Teelöffel Salz
- für Reis
- 1 Tasse Olivenöl
- 2 Zwiebeln gehackt
- 2 Tassen getrocknete braune Linsen
- 4 Liter plus ½ Tasse Wasser, geteilt
- 2 Tassen Rundkornreis
- 1 Teelöffel Salz
- Ein halbes Pfund kurze Nudeln
- 1 Dose (15 Unzen) Kichererbsen, abgetropft und abgespült

Anweisungen:

Machen Sie die Soße

In einer Bratpfanne das Öl erhitzen. Den Knoblauch anbraten. Tomatensauce, Essig, Harissa und Salz hinzufügen. Die Soße zum Kochen bringen. Hitze reduzieren und 20 Minuten kochen lassen oder bis die Sauce eindickt. Entfernen und reservieren.

Reis machen

Bereiten Sie den Teller mit saugfähigem Papier vor und legen Sie ihn beiseite. In einer großen Pfanne bei mittlerer Hitze das Öl erhitzen. Die Zwiebel unter ständigem Rühren anbraten, bis sie knusprig und goldbraun ist. Die Zwiebeln auf den vorbereiteten Teller geben und beiseite stellen. Reservieren Sie 2 Esslöffel Speiseöl. Reservieren Sie die Pfanne.

Bei starker Hitze Linsen und 4 Tassen Wasser in einem Topf vermischen. Zum Kochen bringen und 20 Minuten kochen lassen. Abseihen und mit den reservierten 2 Esslöffeln Speiseöl vermischen. Leg es zur Seite. Reservieren Sie die Pfanne.

Stellen Sie die Pfanne, in der Sie die Zwiebeln gebraten haben, auf mittlere bis hohe Hitze und geben Sie den Reis, 4½ Tassen Wasser und Salz hinzu. Zum Kochen bringen. Reduzieren Sie die Hitze auf eine niedrige Stufe und kochen Sie es 20 Minuten lang. Ausschalten und 10 Minuten ruhen lassen. Bringen Sie die restlichen 8 Tassen Salzwasser in demselben Topf, in dem Sie die Linsen gekocht haben, bei starker Hitze zum Kochen. Nudeln hinzufügen und 6 Minuten kochen lassen oder gemäß den Anweisungen in der Packung. Laufen und reservieren.

Fahren

Den Reis auf einen Teller legen. Mit Linsen, Kichererbsen und Nudeln belegen. Mit würziger Tomatensauce beträufeln und mit knusprigen Röstzwiebeln bestreuen.

Nährwert (pro 100 g): 668 Kalorien, 13 g Fett, 113 g Kohlenhydrate, 18 g Protein, 481 mg Natrium

Bulgur mit Tomaten und Kichererbsen

Zubereitungszeit: 10 Minuten

Zeit zu Kochen: 35 Minuten

Portionen: 6

Schwierigkeitsgrad: mittel

Zutaten:

- ½ Tasse Olivenöl
- 1 gehackte Zwiebel
- 6 gewürfelte Tomaten oder 1 Dose (16 oz) gewürfelte Tomaten
- 2 Esslöffel Tomatenmark
- 2 Tassen Wasser
- 1 Esslöffel Harissa oder im Laden gekauft
- 1/8 Teelöffel Salz
- 2 Tassen dicker Bulgur
- 1 Dose (15 Unzen) Kichererbsen, abgetropft und abgespült

Anweisungen:

Erhitzen Sie das Öl in einer Pfanne mit starkem Boden bei mittlerer Hitze. Die Zwiebel anbraten, die Tomaten mit ihrem Saft dazugeben und 5 Minuten kochen lassen.

Tomatenmark, Wasser, Harissa und Salz hinzufügen. Zum Kochen bringen.

Bulgur und Kichererbsen hinzufügen. Bringen Sie die Mischung wieder zum Kochen. Hitze reduzieren und 15 Minuten kochen lassen. Vor dem Servieren 15 Minuten ruhen lassen.

Nährwert (pro 100 g): 413 Kalorien, 19 g Fett, 55 g Kohlenhydrate, 14 g Protein, 728 mg Natrium

Makrelen-Maccheroni

Zubereitungszeit: 10 Minuten

Zeit zu Kochen: 15 Minuten

Portionen: 4

Schwierigkeitsgrad: leicht

Zutaten:

- 12 Unzen Nudeln
- 1 Knoblauchzehe
- 14 Unzen Tomatensauce
- 1 Zweig gehackte Petersilie
- 2 frische Paprika
- 1 Teelöffel Salz
- 7 Unzen Makrele in Öl
- 3 Esslöffel natives Olivenöl extra

Anweisungen:

Beginnen Sie damit, Wasser in einem Topf zum Kochen zu bringen. Während das Wasser erhitzt wird, nehmen Sie eine Bratpfanne, geben Sie das Öl und den Knoblauch hinzu und stellen Sie es auf schwache Hitze. Sobald der Knoblauch gar ist, nehmen Sie ihn aus der Pfanne.

Schneiden Sie die Paprika ab, entfernen Sie die inneren Kerne und schneiden Sie sie in dünne Streifen.

Kochwasser und Chili in die gleiche Pfanne wie zuvor geben. Dann nehmen wir die Makrele heraus, lassen das Öl abtropfen, trennen es mit einer Gabel und geben es zusammen mit den restlichen Zutaten in die Pfanne. Unter Zugabe von etwas Kochwasser leicht anbraten.

Wenn alle Zutaten gut vermischt sind, das Tomatenpüree in den Topf geben. Gut vermischen, um alle Zutaten zu homogenisieren, und bei schwacher Hitze etwa 3 Minuten kochen lassen.

Kommen wir zum Teig:

Sobald das Wasser zu kochen beginnt, Salz und Nudeln hinzufügen. Lassen Sie die Makkaroni abtropfen, sobald sie leicht al dente sind, und geben Sie sie in die vorbereitete Soße.

Einige Augenblicke in der Soße anbraten und nach dem Probieren mit Salz und Pfeffer abschmecken.

Nährwert (pro 100 g): 510 Kalorien 15,4 g Fett 70 g Kohlenhydrate 22,9 g Protein 730 mg Natrium

Maccheroni mit Kirschtomaten und Sardellen

Zubereitungszeit: 10 Minuten

Zeit zu Kochen: 15 Minuten

Portionen: 4

Schwierigkeitsgrad: leicht

Zutaten:

- 14 Unzen Nudeln
- 6 gesalzene Sardellen
- 4 Unzen Kirschtomaten
- 1 Knoblauchzehe
- 3 Esslöffel natives Olivenöl extra
- frische Paprika nach Geschmack
- 3 Basilikumblätter
- Salz nach Geschmack

Anweisungen:

Erhitzen Sie zunächst Wasser in einem Topf und fügen Sie Salz hinzu, wenn es kocht. Bereiten Sie in der Zwischenzeit die Soße zu: Nehmen Sie die gewaschenen Tomaten und schneiden Sie sie in 4 Stücke.

Nehmen Sie nun eine beschichtete Pfanne, beträufeln Sie etwas Öl und geben Sie eine Knoblauchzehe hinein. Nach dem Garen aus der Pfanne nehmen. Die gereinigten Sardellen in die Pfanne geben und im Öl schmelzen.

Wenn sich die Sardellen gut aufgelöst haben, fügen Sie die gehackten Tomatenstücke hinzu und erhitzen Sie sie bei starker Hitze, bis sie anfangen, weich zu werden (achten Sie darauf, dass sie nicht zu weich werden).

Die entkernte Paprika dazugeben, in kleine Stücke schneiden und würzen.

Geben Sie die Nudeln in einen Topf mit kochendem Wasser, lassen Sie sie abtropfen, bis sie al dente sind, und kochen Sie sie einige Minuten im Topf.

Nährwert (pro 100 g): 476 Kalorien 11 g Fett 81,4 g Kohlenhydrate 12,9 g Protein 763 mg Natrium

Zitronen-Garnelen-Risotto

Zubereitungszeit: 10 Minuten

Zeit zu Kochen: 30 Minuten

Portionen: 4

Schwierigkeitsgrad: leicht

Zutaten:

- 1 Zitrone
- 14 Unzen ungeschälte Garnelen
- 1 ¾ Tassen Risottoreis
- 1 weiße Zwiebel
- 33 pp oz (1 Liter) Gemüsebrühe (auch weniger ist gut)
- 2 ½ Esslöffel Butter
- ½ Glas Weißwein
- Salz nach Geschmack
- schwarzer Pfeffer nach Geschmack
- Schnittlauch nach Geschmack

Anweisungen:

Kochen Sie die Garnelen zunächst 3-4 Minuten lang in Salzwasser, lassen Sie sie abtropfen und stellen Sie sie beiseite.

Eine Zwiebel schälen und fein hacken, in zerlassener Butter anbraten und, sobald die Butter getrocknet ist, den Reis in einer Pfanne einige Minuten rösten.

Den Reis mit einem halben Glas Weißwein ablöschen und den Saft einer Zitrone hinzufügen. Rühren Sie den Reis um und kochen Sie ihn zu Ende. Fügen Sie bei Bedarf weiterhin einen Esslöffel Gemüsebrühe hinzu.

Gut vermischen und einige Minuten vor Ende des Garvorgangs die zuvor gekochten Garnelen (einen Teil zur Dekoration aufbewahren) und etwas schwarzen Pfeffer hinzufügen.

Sobald die Hitze ausgeschaltet ist, einen Klecks Butter hinzufügen und umrühren. Das Risotto ist servierfertig. Mit den restlichen Garnelen garnieren und mit einigen Frühlingszwiebeln bestreuen.

Nährwert (pro 100 g): 510 Kalorien 10 g Fett 82,4 g Kohlenhydrate 20,6 g Protein 875 mg Natrium

Spaghetti mit Muscheln

Zubereitungszeit: 10 Minuten

Zeit zu Kochen: 40 Minuten

Portionen: 4

Schwierigkeitsgrad: leicht

Zutaten:

- 11,5 Unzen Spaghetti
- 2 Pfund Muscheln
- 7 Unzen Tomatensauce oder Tomatenpüree für die rote Version dieses Gerichts
- 2 Knoblauchzehen
- 4 Esslöffel natives Olivenöl extra
- 1 Glas trockener Weißwein
- 1 Esslöffel gehackte Petersilie
- 1 Pfeffer

Anweisungen:

Beginnen Sie mit dem Waschen der Muscheln: Lassen Sie die Muscheln niemals „bluten". Sie sollten nur mit Hitze geöffnet werden, da sonst mit dem Sand die kostbare innere Flüssigkeit verloren geht. Waschen Sie die Muscheln schnell mit einem Sieb in einer Salatschüssel: Dadurch wird der Sand aus den Schalen gefiltert.

Als nächstes geben Sie die abgetropften Muscheln sofort in einen abgedeckten Topf bei starker Hitze. Von Zeit zu Zeit wenden und, wenn sie fast vollständig geöffnet sind, vom Herd nehmen. Muscheln, die geschlossen bleiben, sind tot und müssen entfernt werden. Wir entfernen die Schalentiere aus den geöffneten Schalentieren und lassen einige übrig, um die Teller zu dekorieren. Die restliche Flüssigkeit vom Boden der Pfanne aufrollen und beiseite stellen.

Nehmen Sie eine große Bratpfanne und geben Sie etwas Öl hinein. Erhitzen Sie eine ganze Paprika und eine oder zwei zerdrückte Knoblauchzehen bei sehr schwacher Hitze, bis die Zehen gelb werden. Die Muscheln dazugeben und mit trockenem Weißwein abschmecken.

Fügen Sie nun die zuvor abgetropfte Muschelflüssigkeit und die gehackte Petersilie hinzu.

Die Spaghetti abgießen und sofort al dente in die Pfanne geben, nachdem man sie in reichlich Salzwasser gekocht hat. Gut vermischen, bis die Spaghetti die gesamte Flüssigkeit aus den Muscheln aufgesogen haben. Wenn Sie keinen Pfeffer verwendet haben, fügen Sie eine leichte Prise weißen oder schwarzen Pfeffer hinzu.

Nährwert (pro 100 g): 167 Kalorien 8 g Fett 8,63 g Kohlenhydrate 5 g Protein 720 mg Natrium

griechische Fischsuppe

Zubereitungszeit: 10 Minuten

Zeit zu Kochen: 60 Minuten

Portionen: 4

Schwierigkeitsgrad: leicht

Zutaten:

- Seehecht oder anderer Weißfisch
- 4 Kartoffeln
- 4 Schnittlauch
- 2 Karotten
- 2 Stangen Sellerie
- 2 Tomaten
- 4 Esslöffel natives Olivenöl extra
- 2 Eier
- 1 Zitrone
- 1 Tasse Reis
- Salz nach Geschmack

Anweisungen:

Wählen Sie einen Fisch, der nicht mehr als 2,2 Kilogramm wiegt, entfernen Sie Schuppen, Kiemen und Eingeweide und waschen Sie ihn gut. Gehen Sie raus und reservieren Sie.

Kartoffeln, Karotten und Zwiebeln waschen und im Ganzen mit ausreichend Wasser zum Einweichen in den Topf geben und dann zum Kochen bringen.

Fügen Sie den noch in Büscheln hängenden Sellerie hinzu, damit er sich beim Kochen nicht ausbreitet, schneiden Sie die Tomaten in vier Teile und fügen Sie sie zusammen mit dem Öl und dem Salz hinzu.

Wenn das Gemüse fast gar ist, mehr Wasser und den Fisch hinzufügen. 20 Minuten kochen lassen und mit dem Gemüse aus der Brühe nehmen.

Den Fisch auf eine Platte legen, mit Gemüse garnieren und die Brühe abseihen. Stellen Sie die Brühe wieder auf den Herd und verdünnen Sie sie mit etwas Wasser. Nach dem Kochen den Reis hinzufügen und mit Salz würzen. Sobald der Reis gar ist, nehmen Sie die Pfanne vom Herd.

Bereiten Sie die Avgolemono-Sauce zu:

Die Eier gut verquirlen und nach und nach den Zitronensaft hinzufügen. Etwas Brühe in einen Topf geben und unter ständigem Rühren nach und nach zu den Eiern gießen.

Zum Schluss die entstandene Soße zur Suppe geben und gut verrühren.

Nährwert (pro 100 g): 263 Kalorien 17,1 g Fett 18,6 g Kohlenhydrate 9 g Protein 823 mg Natrium

Verehrter Reis mit Garnelen

Zubereitungszeit: 10 Minuten

Zeit zu Kochen: 55 Minuten

Portionen: 3

Schwierigkeitsgrad: leicht

Zutaten:

- 1 ½ Tassen schwarzer Venere-Reis (vorgekocht ist am besten)
- 5 Teelöffel natives Olivenöl extra
- 10,5 Unzen Garnelen
- 10,5 Unzen Zucchini
- 1 Zitrone (Saft und Schale)
- Speisesalz nach Geschmack
- schwarzer Pfeffer nach Geschmack
- 1 Knoblauchzehe
- Tabasco nach Geschmack

Anweisungen:

Beginnen wir mit dem Reis:

Nachdem Sie einen Topf mit reichlich Wasser gefüllt und zum Kochen gebracht haben, geben Sie den Reis hinzu, fügen Sie das Salz hinzu und kochen Sie es für die erforderliche Zeit (siehe Zubereitungsanweisungen auf der Packung).

In der Zwischenzeit die Zucchini mit der groben Reibe reiben. In einer Bratpfanne das Öl mit der geschälten Knoblauchzehe erhitzen, die geriebene Zucchini, Salz und Pfeffer hinzufügen und 5 Minuten kochen lassen, die Knoblauchzehe entfernen und das Gemüse aufbewahren.

Nun die Garnelen putzen:

Entfernen Sie die Haut, schneiden Sie den Schwanz ab, teilen Sie ihn der Länge nach in zwei Hälften und entfernen Sie den Darm (den schwarzen Faden auf der Rückseite). Die gereinigten Garnelen in eine Schüssel geben und mit Olivenöl würzen; Geben Sie ihm zusätzlichen Geschmack, indem Sie Zitronenschale, Salz und Pfeffer hinzufügen und nach Wunsch ein paar Tropfen Tabasco hinzufügen.

Erhitzen Sie die Garnelen einige Minuten lang in einer heißen Pfanne. Nach dem Garen beiseite stellen.

Sobald der Venere-Reis fertig ist, in eine Schüssel abseihen, die Zucchini-Mischung dazugeben und umrühren.

Nährwert (pro 100 g): 293 Kalorien, 5 g Fett, 52 g Kohlenhydrate, 10 g Protein, 655 mg Natrium

Pennette mit Lachs und Wodka

Zubereitungszeit: 10 Minuten

Zeit zu Kochen: 18 Minuten

Portionen: 4

Schwierigkeitsgrad: leicht

Zutaten:

- Pennette Rigate 14oz
- 7 Unzen geräucherter Lachs
- 1,2 Unzen Schalotten
- 1,35 Unzen (40 ml) Wodka
- 5 Unzen Kirschtomaten
- 7 Unzen frische flüssige Sahne (ich empfehle Gemüsecreme für ein leichteres Gericht)
- Schnittlauch nach Geschmack
- 3 Esslöffel natives Olivenöl extra
- Salz nach Geschmack
- schwarzer Pfeffer nach Geschmack
- Basilikum nach Geschmack (zum Dekorieren)

Anweisungen:

Tomaten und Schnittlauch waschen und schneiden. Nachdem wir die Zwiebel geschält haben, hacken wir sie mit einem Messer, geben sie in einen Topf und lassen sie einige Augenblicke in nativem Olivenöl extra marinieren.

In der Zwischenzeit den Lachs in Streifen schneiden und mit Olivenöl und Schalotte anbraten.

Mischen Sie alles mit dem Wodka und achten Sie darauf, dass eine Flamme entstehen kann (wenn eine Flamme aufsteigt, machen Sie sich keine Sorgen, sie erlischt, sobald der Alkohol vollständig verdampft ist). Die zerdrückten Tomaten und eine Prise Salz und nach Belieben etwas Pfeffer hinzufügen. Zum Schluss Sahne und gehackten Schnittlauch hinzufügen.

Während die Soße weiter kocht, bereiten Sie die Nudeln vor. Sobald das Wasser kocht, die Pennette hineingeben und al dente kochen.

Lassen Sie die Nudeln abtropfen, gießen Sie die Pennette in die Soße und lassen Sie sie einige Augenblicke kochen, damit sie den ganzen Geschmack aufnehmen kann. Nach Belieben mit einem Basilikumblatt dekorieren.

Nährwert (pro 100 g): 620 Kalorien 21,9 g Fett 81,7 g Kohlenhydrate 24 g Protein 326 mg Natrium

Meeresfrüchte-Carbonara

Zubereitungszeit: 15 Minuten

Zeit zu Kochen: 50 Minuten

Portionen: 3

Schwierigkeitsgrad: leicht

Zutaten:

- 11,5 Unzen Spaghetti
- 3,5 Unzen Thunfisch
- 3,5 Unzen Schwertfisch
- 3,5 Unzen Lachs
- 6 Edelsteine
- 4 Esslöffel Parmesan (Parmigiano Reggiano)
- 2 Unzen (60 ml) Weißwein
- 1 Knoblauchzehe
- Extra natives Olivenöl nach Geschmack
- Speisesalz nach Geschmack
- schwarzer Pfeffer nach Geschmack

Anweisungen:

Bereiten Sie in einem Topf kochendes Wasser vor und geben Sie etwas Salz hinzu.

In der Zwischenzeit 6 Eigelb in eine Schüssel geben und geriebenen Parmesan, Pfeffer und Salz hinzufügen. Mit einem Schneebesen verrühren und mit etwas Wasser aus dem Topf verdünnen.

Entfernen Sie die Gräten vom Lachs, die Schuppen vom Schwertfisch und schneiden Sie Thunfisch, Lachs und Schwertfisch in Würfel.

Sobald es kocht, die Nudeln dazugeben und etwas kochen, bis sie al dente sind.

In der Zwischenzeit etwas Öl in einer großen Pfanne erhitzen und die ganze geschälte Knoblauchzehe hineingeben. Wenn das Öl heiß ist, die Fischwürfel hinzufügen und bei starker Hitze etwa 1 Minute anbraten. Den Knoblauch entfernen und den Weißwein hinzufügen.

Sobald der Alkohol verdunstet ist, die Fischwürfel herausnehmen und die Hitze reduzieren. Sobald die Spaghetti fertig sind, geben Sie sie in die Pfanne und kochen Sie sie etwa eine Minute lang unter ständigem Rühren und fügen Sie bei Bedarf das Kochwasser hinzu.

Die Eigelbmischung und die Fischwürfel hinzufügen. Gut mischen. Teilnehmen.

Nährwert (pro 100 g): 375 Kalorien, 17 g Fett, 41,40 g Kohlenhydrate, 14 g Protein, 755 mg Natrium

Garganelli mit Zucchini und Garnelenpesto

Zubereitungszeit: 10 Minuten

Zeit zu Kochen: 30 Minuten

Portionen: 4

Schwierigkeitsgrad: mittel

Zutaten:

- 14 Unzen Garganelli-Ei
- Für das Zucchinipesto:
- 7 Unzen Zucchini
- 1 Tasse Pinienkerne
- 8 Esslöffel (0,35 oz) Basilikum
- 1 Teelöffel Speisesalz
- 9 Esslöffel natives Olivenöl extra
- 2 Esslöffel geriebener Parmesan
- 1 Unze Pecorino-Käse zum Reiben
- Für die sautierten Garnelen:
- 8,8 Unzen Garnelen
- 1 Knoblauchzehe
- 7 Teelöffel natives Olivenöl extra
- Prise Salz

Anweisungen:

Wir beginnen mit der Zubereitung des Pestos:

Nachdem Sie die Zucchini gewaschen haben, reiben Sie sie, geben Sie sie in ein Sieb (damit sie überschüssige Flüssigkeit verlieren) und fügen Sie etwas Salz hinzu. Pinienkerne, Zucchini und Basilikumblätter in einen Mixer geben. Den geriebenen Parmesan, Pecorino und natives Olivenöl extra hinzufügen.

Alles cremig schlagen, eine Prise Salz hinzufügen und beiseite stellen.

Auf Garnelen umstellen:

Zuerst entfernen wir den Darm, indem wir den Rücken der Garnele mit einem Messer auf der gesamten Länge durchschneiden und mit der Messerspitze den schwarzen Faden von der Innenseite entfernen.

Die Knoblauchzehe in einer beschichteten Pfanne mit nativem Olivenöl extra anbraten. Wenn es goldbraun ist, entfernen Sie den Knoblauch und fügen Sie die Garnelen hinzu. Bei mittlerer Hitze ca. 5 Minuten braten, bis außen eine knusprige Kruste entsteht.

Dann einen Topf mit Salzwasser zum Kochen bringen und die Garganelli garen. Reservieren Sie ein paar Esslöffel Kochwasser und lassen Sie die Nudeln abtropfen, bis sie al dente sind.

Legen Sie die Garganelli in die Pfanne, in der Sie die Garnelen gekocht haben. Eine Minute kochen lassen, einen Esslöffel Kochwasser hinzufügen und zum Schluss das Zucchinipesto hinzufügen.

Alles gut vermischen, um die Nudeln mit der Soße zu vermischen.

Nährwert (pro 100 g): 776 Kalorien, 46 g Fett, 68 g Kohlenhydrate, 22,5 g Protein, 835 mg Natrium

Lachsrisotto

Zubereitungszeit: 10 Minuten

Zeit zu Kochen: 30 Minuten

Portionen: 4

Schwierigkeitsgrad: mittel

Zutaten:

- 1 ¾ Tassen (12,3 Unzen) Reis
- 8,8 Unzen Lachsfilets
- 1 Lauch
- Extra natives Olivenöl nach Geschmack
- 1 Knoblauchzehe
- ½ Glas Weißwein
- 3 ½ Esslöffel geriebener Grana Padano
- Salz nach Geschmack
- schwarzer Pfeffer nach Geschmack
- 17 Seiten 500 ml Fischbrühe
- 1 Tasse Butter

Anweisungen:

Reinigen Sie zunächst den Lachs und schneiden Sie ihn in kleine Stücke. 1 Esslöffel Öl mit einer ganzen Knoblauchzehe in einer Pfanne anbraten und den Lachs 2/3 Minuten anbraten, salzen und den Lachs beiseite stellen, dabei den Knoblauch entfernen.

Beginnen Sie nun mit der Zubereitung des Risottos:

Den Lauch in sehr kleine Stücke schneiden und in einer Pfanne bei schwacher Hitze mit zwei Esslöffeln Olivenöl kochen. Den Reis hinzufügen und einige Sekunden bei mittlerer bis hoher Hitze kochen lassen, dabei mit einem Holzlöffel umrühren.

Wir fügen den Weißwein hinzu und kochen weiter, rühren von Zeit zu Zeit um und versuchen zu verhindern, dass der Reis an der Pfanne kleben bleibt. Nach und nach fügen wir die Brühe (Gemüse oder Fisch) hinzu.

Nach der Hälfte der Garzeit fügen wir den Lachs, die Butter und bei Bedarf eine Prise Salz hinzu. Wenn der Reis gar ist, vom Herd nehmen. Mit ein paar Esslöffeln geriebenem Grana Padano vermischen und servieren.

Nährwert (pro 100 g): 521 Kalorien, 13 g Fett, 82 g Kohlenhydrate, 19 g Protein, 839 mg Natrium

Pasta mit Kirschtomaten und Sardellen

Zubereitungszeit: 15 Minuten

Zeit zu Kochen: 35 Minuten

Portionen: 4

Schwierigkeitsgrad: leicht

Zutaten:

- 10,5 Unzen Spaghetti
- 1,3 Pfund Kirschtomaten
- 9 oz Sardellen (vorgereinigt)
- 2 Esslöffel Kapern
- 1 Knoblauchzehe
- 1 kleine rote Zwiebel
- Petersilie nach Geschmack
- Extra natives Olivenöl nach Geschmack
- Speisesalz nach Geschmack
- schwarzer Pfeffer nach Geschmack
- Schwarze Oliven nach Geschmack

Anweisungen:

Die Knoblauchzehe in dünne Scheiben schneiden.

Die Kirschtomaten halbieren. Die Zwiebel schälen und in dünne Scheiben schneiden.

In einen Topf geben wir etwas Olivenöl mit dem gehackten Knoblauch und der Zwiebel. Alles 5 Minuten bei mittlerer Hitze erhitzen; gelegentlich umrühren.

Sobald alles gut gewürzt ist, die Kirschtomaten sowie eine Prise Salz und Pfeffer hinzufügen. 15 Minuten kochen lassen. Stellen Sie in der Zwischenzeit einen Topf mit Wasser auf den Herd und sobald es kocht, fügen Sie Salz und Nudeln hinzu.

Wenn die Soße fast fertig ist, die Sardellen hinzufügen und einige Minuten kochen lassen. Vorsichtig umrühren.

Den Herd ausschalten, die Petersilie hacken und in die Pfanne geben.

Nach dem Garen die Nudeln abtropfen lassen und direkt zur Soße geben. Schalten Sie die Heizung für einige Sekunden wieder ein.

Nährwert (pro 100 g): 446 Kalorien, 10 g Fett, 66,1 g Kohlenhydrate, 22,8 g Protein, 934 mg Natrium

Orecchiette mit Brokkoli und Wurst

Zubereitungszeit: 10 Minuten

Zeit zu Kochen: 32 Minuten

Portionen: 4

Schwierigkeitsgrad: mittel

Zutaten:

- 11,5 Unzen Orecchiette
- 10,5 Brokkoli
- 10,5 Unzen Wurst
- 1,35 Unzen (40 ml) Weißwein
- 1 Knoblauchzehe
- 2 Zweige Thymian
- 7 Teelöffel natives Olivenöl extra
- schwarzer Pfeffer nach Geschmack
- Speisesalz nach Geschmack

Anweisungen:

Den Topf mit reichlich Wasser und Salz zum Kochen bringen. Entfernen Sie den Brokkoli vom Stiel und schneiden Sie ihn in zwei Hälften oder vierteln Sie ihn, wenn er sehr groß ist. Dann in kochendes Wasser geben, den Topf abdecken und 6-7 Minuten kochen lassen.

In der Zwischenzeit den Thymian fein hacken und beiseite stellen. Entfernen Sie die Hülle von der Wurst und kneten Sie sie mit einer Gabel vorsichtig durch.

Die Knoblauchzehe mit etwas Öl anbraten und die Wurst dazugeben. Nach ein paar Sekunden fügen wir den Thymian und einen Schuss Weißwein hinzu.

Ohne das Kochwasser wegzuschütten, den gekochten Brokkoli mit einem Schaumlöffel herausnehmen und nach und nach zum Fleisch geben. Alles 3-4 Minuten kochen lassen. Entfernen Sie den Knoblauch und fügen Sie eine Prise schwarzen Pfeffer hinzu.

Bringen Sie das Wasser, in dem Sie den Brokkoli gekocht haben, zum Kochen, fügen Sie dann die Nudeln hinzu und lassen Sie es kochen. Sobald die Nudeln gekocht sind, lassen Sie sie mit einem Schaumlöffel abtropfen und geben Sie sie direkt in die Brokkoli-Wurst-Sauce. Dann gut vermischen, schwarzen Pfeffer dazugeben und alles in der Pfanne einige Minuten anbraten.

Nährwert (pro 100 g): 683 Kalorien, 36 g Fett, 69,6 g Kohlenhydrate, 20 g Protein, 733 mg Natrium

Risotto mit Chicorée und geräuchertem Speck

Zubereitungszeit: 10 Minuten
Zeit zu Kochen: 30 Minuten
Portionen: 3
Schwierigkeitsgrad: mittel

Zutaten:

- 1 ½ Tassen Reis
- 14 Unzen Chicorée
- 5,3 Unzen geräucherter Speck
- 1 Liter Gemüsebrühe
- 100 ml Rotwein
- 7 Teelöffel natives Olivenöl extra
- 1,7 Unzen Schalotten
- Speisesalz nach Geschmack
- schwarzer Pfeffer nach Geschmack
- 3 Zweige Thymian

Anweisungen:

Beginnen wir mit der Zubereitung der Gemüsebrühe.

Wir beginnen mit dem Chicorée: Wir schneiden ihn in zwei Hälften und entfernen den mittleren Teil (den weißen Teil). In Streifen schneiden, gut abspülen und beiseite stellen. Den Räucherspeck ebenfalls in kleine Streifen schneiden.

Die Schalotte fein hacken und mit etwas Öl in eine Pfanne geben. Bei mittlerer Hitze zum Kochen bringen, eine Kelle Brühe hinzufügen, dann den Speck hinzufügen und bräunen lassen.

Nach etwa 2 Minuten den Reis und das Toastbrot unter ständigem Rühren hinzufügen. An diesem Punkt den Rotwein bei starker Hitze einfüllen.

Sobald der gesamte Alkohol verdunstet ist, kochen Sie weiter und fügen Sie jeweils eine Kelle Brühe hinzu. Lassen Sie das vorherige trocknen, bevor Sie ein weiteres hinzufügen, bis es vollständig gekocht ist. Fügen Sie Salz und schwarzen Pfeffer hinzu (je nachdem, wie viel Sie hinzufügen möchten).

Am Ende der Garzeit die Chicoréestreifen hinzufügen. Gut vermischen, bis alles mit dem Reis vermischt ist, aber nicht kochen. Den gehackten Thymian hinzufügen.

Nährwert (pro 100 g): 482 Kalorien 17,5 g Fett 68,1 g Kohlenhydrate 13 g Protein 725 mg Natrium

Biskuitkuchen

Zubereitungszeit: 10 Minuten

Zeit zu Kochen: 25 Minuten

Portionen: 3

Schwierigkeitsgrad: mittel

Zutaten:

- 11,5 Unzen Ziti
- 1 Kilo Fleisch
- 2,2 Pfund goldene Zwiebel
- 2 Unzen Sellerie
- 2 Unzen Karotten
- 1 Bund Petersilie
- 3,4 Unzen 100 ml Weißwein
- Extra natives Olivenöl nach Geschmack
- Speisesalz nach Geschmack
- schwarzer Pfeffer nach Geschmack
- Parmesan nach Geschmack

Anweisungen:

Um den Teig zuzubereiten, beginnen wir mit:

Zwiebeln und Karotten schälen und fein hacken. Anschließend den Sellerie waschen und fein hacken (die Blätter nicht wegwerfen, sie müssen ebenfalls gehackt und beiseite gelegt werden). Gehen Sie dann zum Fleisch über, reinigen Sie das überschüssige Fett und schneiden Sie es in 5/6 große Stücke. Zum Schluss die Sellerieblätter und den Petersilienzweig mit Küchengarn zusammenbinden, sodass ein duftendes Bouquet entsteht.

Füllen Sie eine große Bratpfanne mit reichlich Öl. Fügen Sie die Zwiebel, den Sellerie und die Karotte (die Sie zuvor reserviert haben) hinzu und kochen Sie sie einige Minuten lang.

Anschließend die Fleischstücke, eine Prise Salz und das Duftbouquet dazugeben. Umrühren und einige Minuten kochen lassen. Dann die Hitze reduzieren und mit einem Deckel abdecken.

Mindestens 3 Stunden kochen lassen (kein Wasser oder Brühe hinzufügen, da die Zwiebel die gesamte benötigte Flüssigkeit abgibt, um ein Austrocknen des Pfannenbodens zu verhindern). Von Zeit zu Zeit alles kontrollieren und umrühren.

Nach 3 Stunden Garzeit entfernen wir das Kräuterbündel, erhöhen die Hitze etwas, fügen etwas Wein hinzu und rühren um.

Das Fleisch ohne Deckel etwa eine Stunde unter ständigem Rühren garen und den Wein hinzufügen, sobald der Boden der Pfanne trocken ist.

An diesem Punkt nehmen wir ein Stück Fleisch, schneiden es auf einem Brett in Scheiben und legen es beiseite. Die Ziti hacken und in kochendem Salzwasser kochen.

Nach dem Garen abgießen und zurück in die Pfanne geben. Ein paar Esslöffel Kochwasser hinzufügen und umrühren. Legen Sie es auf einen Teller und fügen Sie etwas Soße und das zerkleinerte Fleisch (das in Schritt 7 reservierte) hinzu. Mit Pfeffer und geriebenem Parmesan abschmecken.

Nährwert (pro 100 g): 450 Kalorien 8 g Fett 80 g Kohlenhydrate 14,5 g Protein 816 mg Natrium

Blumenkohlnudeln aus Neapel

Zubereitungszeit: 15 Minuten

Zeit zu Kochen: 35 Minuten

Portionen: 3

Schwierigkeitsgrad: mittel

Zutaten:

- 10,5 Unzen Teig
- 1 Blumenkohl
- 3,4 Unzen 100 ml (oz) Tomatenpüree
- 1 Knoblauchzehe
- 1 Pfeffer
- 3 Esslöffel natives Olivenöl extra (oder Teelöffel)
- Salz nach Geschmack
- Pfeffer nach Geschmack

Anweisungen:

Den Blumenkohl gut reinigen: Die äußeren Blätter und den Stiel entfernen. Schneiden Sie es in kleine Sträuße.

Die Knoblauchzehe schälen, hacken und in einem Topf mit Olivenöl und Chili anbraten.

Tomatenpüree und Blumenkohlröschen dazugeben und einige Minuten bei mittlerer Hitze anbraten, mit ein paar Schöpflöffeln Wasser bedecken und 15–20 Minuten kochen lassen, oder zumindest so lange, bis der Blumenkohl anfängt, cremig zu werden.

Wenn Sie bemerken, dass der Topfboden zu trocken ist, fügen Sie so viel Wasser hinzu, wie nötig ist, um die Mischung flüssig zu halten.

Zu diesem Zeitpunkt bedecken wir den Blumenkohl mit heißem Wasser und fügen, wenn er kocht, die Nudeln hinzu.

Mit Salz und Pfeffer würzen.

Nährwert (pro 100 g): 458 Kalorien, 18 g Fett, 65 g Kohlenhydrate, 9 g Protein, 746 mg Natrium

Pasta e Fagioli mit Orange und Fenchel

Zubereitungszeit: 10 Minuten

Zeit zu Kochen: 30 Minuten

Portionen: 5

Schwierigkeitsgrad: Schwierigkeit

Zutaten:

- Extra natives Olivenöl – 1 Esslöffel. mehr Extras zum Servieren
- Pancetta – 2 Unzen, fein gehackt
- Zwiebel – 1, fein gehackt
- Fenchel: 1 Knolle, Stiele entfernt, Knolle halbiert, entkernt und fein gehackt
- Sellerie – 1 gehackte Rippe
- Knoblauch – 2 Zehen, gehackt
- Sardellenfilets – 3, gewaschen und gehackt
- gehackter frischer Oregano – 1 Esslöffel.
- Orangenschale – 2 Esslöffel.
- Fenchelsamen – ½ Teelöffel.
- Rote Paprikaflocken – ¼ Teelöffel.
- Gewürfelte Tomaten – 1 Dose (28 oz)
- Parmesankäse: 1 Schale und mehr zum Servieren
- Cannellini-Bohnen – 1 Dose (7 Unzen), abgespült
- Hühnerbrühe – 2 ½ Tassen
- Wasser – 2 ½ Tassen
- Salz und Pfeffer

- Orzo – 1 Tasse
- Gehackte frische Petersilie – ¼ Tasse

Anweisungen:

Das Öl in einem Topf bei mittlerer Hitze erhitzen. Den Speck hinzufügen. 3 bis 5 Minuten braten oder bis sie anfangen, goldbraun zu werden. Sellerie, Fenchel und Zwiebel dazugeben und anbraten, bis sie weich sind (ca. 5 bis 7 Minuten).

Chiliflocken, Fenchelsamen, Orangenschale, Oregano, Sardellen und Knoblauch hinzufügen. 1 Minute kochen lassen. Die Tomaten und ihren Saft hinzufügen. Parmesanschale und Bohnen hinzufügen.

Kochen und 10 Minuten kochen lassen. Wasser, Brühe und 1 EL hinzufügen. Salz. Bei starker Hitze zum Kochen bringen. Die Makkaroni dazugeben und al dente kochen.

Vom Herd nehmen und die Parmesanschale wegwerfen.

Petersilie dazugeben und mit Salz und Pfeffer abschmecken. Mit etwas Olivenöl beträufeln und mit geriebenem Parmesan belegen. Teilnehmen.

Nährwert (pro 100 g): 502 Kalorien 8,8 g Fett 72,2 g Kohlenhydrate 34,9 g Protein 693 mg Natrium

Zitronen Spaghetti

Zubereitungszeit: 10 Minuten
Zeit zu Kochen: 15 Minuten
Portionen: 6
Schwierigkeitsgrad: leicht

Zutaten:

- Extra natives Olivenöl – ½ Tasse
- geriebene Zitronenschale - 2 Esslöffel.
- Zitronensaft – 1/3 Tasse
- Knoblauch – 1 Knoblauchzehe, gehackt
- Salz und Pfeffer
- Parmesankäse – 2 Unzen, gerieben
- Spaghetti – 1 Pfund
- geriebener frischer Basilikum - 6 Esslöffel.

Anweisungen:

In einer Schüssel Knoblauch, Öl, Zitronenschale, Saft und ½ TL verrühren. Salz und ¼ TL. Pfeffer. Den Parmesan dazugeben und cremig rühren.

In der Zwischenzeit Nudeln nach Packungsanleitung kochen. Abgießen und eine halbe Tasse Kochwasser auffangen. Die Öl-Basilikum-Mischung zu den Nudeln geben und gut vermischen. Gut würzen und bei Bedarf Kochwasser hinzufügen. Teilnehmen.

Nährwert (pro 100 g): 398 Kalorien 20,7 g Fett 42,5 g Kohlenhydrate 11,9 g Protein 844 mg Natrium

Couscous mit gewürztem Gemüse

Zubereitungszeit: 10 Minuten
Zeit zu Kochen: 20 Minuten
Portionen: 6
Schwierigkeitsgrad: schwierig

Zutaten:

- Blumenkohl – 1 Kopf, in 2,5 cm große Röschen geschnitten
- Extra natives Olivenöl – 6 Esslöffel. mehr Extras zum Servieren
- Salz und Pfeffer
- Couscous – 1 ½ Tassen
- Zucchini – 1, in ½ Zoll große Stücke geschnitten
- Rote Paprika – 1, Stiel, entkernt und in ½-Zoll-Stücke geschnitten
- Knoblauch – 4 Zehen, gehackt
- Ras el Hanout – 2 Teelöffel
- Zitronenschale -1 EL. weitere Zitronenscheiben zum Servieren
- Hühnerbrühe – 1 ¾ Tassen
- Gehackter frischer Majoran – 1 EL.

Anweisungen:

In einer Bratpfanne 2 Esslöffel erhitzen. Öl bei mittlerer Hitze. Blumenkohl hinzufügen, ¾ TL. Salz und ½ TL. Pfeffer. Mischen. Kochen, bis die Röschen goldbraun sind und die Ränder gerade noch durchscheinend sind.

Nehmen Sie den Deckel ab und kochen Sie es unter Rühren 10 Minuten lang oder bis die Röschen goldbraun sind. In eine Schüssel geben und die Pfanne auswischen. 2 EL erhitzen. Öl in der Pfanne.

Couscous hinzufügen. Kochen und 3 bis 5 Minuten lang weiterrühren, bis die Bohnen anfangen zu bräunen. In eine Schüssel geben und die Pfanne auswischen. Die 3 EL erhitzen. restliche Esslöffel. Die Pfanne einfetten und Paprika, Zucchini und ½ TL hinzufügen. Salz. 8 Minuten kochen lassen.

Zitronenschale, Ras el Hanout und Knoblauch hinzufügen. Kochen, bis es duftet (ca. 30 Sekunden). Die Brühe hinzufügen und kochen. Couscous hinzufügen. Vom Herd nehmen und beiseite stellen, bis es weich ist.

Majoran und Blumenkohl hinzufügen; Dann vorsichtig mit einer Gabel umrühren, um es einzuarbeiten. Mit zusätzlichem Öl beträufeln und gut würzen. Mit Zitronenscheiben servieren.

Nährwert (pro 100 g): 787 Kalorien 18,3 g Fett 129,6 g Kohlenhydrate 24,5 g Protein 699 mg Natrium

Gebackener Reis, gewürzt mit Fenchel

Zubereitungszeit: 10 Minuten

Zeit zu Kochen: 45 Minuten

Portionen: 8

Schwierigkeitsgrad: mittel

Zutaten:

- Süßkartoffel – 1 ½ Pfund, geschält und in 1-Zoll-Stücke geschnitten
- Extra natives Olivenöl – ¼ Tasse
- Salz und Pfeffer
- Fenchel – 1 Knolle, fein gehackt
- Kleine Zwiebel – 1, fein gehackt
- Weißer Langkornreis – 1 ½ Tassen, abgespült
- Knoblauch – 4 Zehen, gehackt
- Ras el Hanout – 2 Teelöffel
- Hühnerbrühe – 2 ¾ Tassen
- Eingelegte entkernte grüne Oliven – ¾ Tasse, halbiert
- Gehackter frischer Koriander – 2 Esslöffel.
- Zitronenscheiben

Anweisungen:

Stellen Sie den Ofenrost in die Mitte und heizen Sie den Ofen auf 200 °C vor. Mischen Sie die Kartoffeln mit ½ TL. Salz und 2 EL. Öl.

Legen Sie die Kartoffeln in einer einzigen Schicht auf ein Backblech mit Rand und backen Sie sie 25 bis 30 Minuten lang oder bis sie weich sind. Rühren Sie die Kartoffeln nach der Hälfte der Garzeit um.

Nehmen Sie die Kartoffeln heraus und senken Sie die Ofentemperatur auf 350 °F. In einem Topf 2 EL erhitzen. restliche Esslöffel. Öl bei mittlerer Hitze.

Zwiebel und Fenchel hinzufügen; Dann 5 bis 7 Minuten kochen oder bis es weich ist. Ras el Hanout, Knoblauch und Reis hinzufügen. 3 Minuten braten.

Oliven und Brühe hinzufügen und 10 Minuten ruhen lassen. Die Kartoffeln zum Reis geben und mit einer Gabel vorsichtig umrühren. Mit Salz und Pfeffer abschmecken. Mit Koriander garnieren und mit Limettenspalten servieren.

Nährwert (pro 100 g): 207 Kalorien 8,9 g Fett 29,4 g Kohlenhydrate 3,9 g Protein 711 mg Natrium

Marokkanischer Couscous mit Kichererbsen

Zubereitungszeit: 5 Minuten
Zeit zu Kochen: 18 Minuten
Portionen: 6
Schwierigkeitsgrad: mittel

Zutaten:

- Extra natives Olivenöl – ¼ Tasse, extra zum Servieren
- Couscous – 1 ½ Tassen
- Feine Karotten, geschält und gehackt - 2
- fein gehackte Zwiebel - 1
- Salz und Pfeffer
- Knoblauch – 3 Zehen, gehackt
- Gemahlener Koriander – 1 Esslöffel.
- Ingwerpulver - Teelöffel.
- Gemahlene Anissamen – ¼ Teelöffel.
- Hühnerbrühe – 1 ¾ Tassen
- Kichererbsen – 1 Dose (15 Unzen), abgespült
- Gefrorene Erbsen – 1 ½ Tassen
- Gehackte frische Petersilie oder Koriander – ½ Tasse
- Zitronenscheiben

Anweisungen:

2 EL erhitzen. Öl in einer Bratpfanne bei mittlerer Hitze erhitzen. Couscous hinzufügen und 3 bis 5 Minuten kochen lassen oder bis es anfängt zu bräunen. In eine Schüssel geben und die Pfanne auswischen.

Erhitze die 2 EL. restliche Esslöffel. Öl in die Pfanne geben und Zwiebeln, Karotten und 1 EL hinzufügen. Salz. 5 bis 7 Minuten kochen lassen. Anis, Ingwer, Koriander und Knoblauch hinzufügen. Kochen, bis es duftet (ca. 30 Sekunden).

Kichererbsen und Brühe vermischen und zum Kochen bringen. Couscous und Erbsen hinzufügen. Abdecken und vom Herd nehmen. Beiseite stellen, bis der Couscous weich ist.

Die Petersilie zum Couscous geben und mit einer Gabel verrühren. Mit etwas mehr Öl beträufeln und gut würzen. Mit Zitronenscheiben servieren.

Nährwert (pro 100 g): 649 Kalorien 14,2 g Fett 102,8 g Kohlenhydrate 30,1 g Protein 812 mg Natrium

Vegetarische Paella mit grünen Bohnen und Kichererbsen

Zubereitungszeit: 10 Minuten
Zeit zu Kochen: 35 Minuten
Portionen: 4
Schwierigkeitsgrad: leicht

Zutaten:

- Prise Safran
- Gemüsebrühe – 3 Tassen
- Olivenöl - 1 Esslöffel.
- Gelbe Zwiebel – 1 groß, gewürfelt
- Knoblauch – 4 Zehen, in Scheiben geschnitten
- Rote Paprika – 1, in Scheiben geschnitten
- Gehackte Tomaten – ¾ Tasse, frisch oder aus der Dose
- Tomatenmark - 2 Esslöffel.
- Peperoni – 1 ½ TL.
- Salz - 1 TL.
- Frisch gemahlener schwarzer Pfeffer – ½ Teelöffel.
- Grüne Bohnen – 1 ½ Tassen, in Scheiben geschnitten und halbiert
- Kichererbsen – 1 Dose (15 Unzen), abgetropft und abgespült
- Kurzkörniger weißer Reis – 1 Tasse
- Zitrone – 1, in Scheiben geschnitten

Anweisungen:

Die Safranfäden mit 3 EL vermischen. warmes Wasser in einer kleinen Schüssel. In einem Topf das Wasser bei mittlerer Hitze kochen. Hitze reduzieren und zum Kochen bringen.

Das Öl in einer Bratpfanne bei mittlerer Hitze erhitzen. Die Zwiebel dazugeben und 5 Minuten anbraten. Pfeffer und Knoblauch dazugeben und 7 Minuten anbraten, bis der Pfeffer weich wird. Die Kurkuma-Wasser-Mischung, Salz, Pfeffer, Paprika, Tomatenmark und Tomaten hinzufügen.

Reis, Kichererbsen und grüne Bohnen hinzufügen. Die heiße Brühe hinzufügen und zum Kochen bringen. Hitze reduzieren und ohne Deckel 20 Minuten garen.

Heiß servieren, garniert mit Zitronenschnitzen.

Nährwert (pro 100 g): 709 Kalorien, 12 g Fett, 121 g Kohlenhydrate, 33 g Protein, 633 mg Natrium

Knoblauchgarnelen mit Tomaten und Basilikum

Zubereitungszeit: 10 Minuten
Zeit zu Kochen: 10 Minuten
Portionen: 4
Schwierigkeitsgrad: leicht

Zutaten:

- Olivenöl - 2 Esslöffel.
- Garnelen – 1 ¼ Pfund, geschält und entkernt
- Knoblauch – 3 Zehen, gehackt
- Rote Paprikaflocken – 1/8 TL.
- Trockener Weißwein – ¾ Tasse
- Traubentomaten – 1 ½ Tassen
- Fein gehacktes frisches Basilikum – ¼ Tasse, plus mehr zum Garnieren
- Salz – ¾ Teelöffel.
- Gemahlener schwarzer Pfeffer – ½ Teelöffel.

Anweisungen:

Erhitzen Sie das Öl in einer Pfanne bei mittlerer bis hoher Hitze. Fügen Sie Garnelen hinzu und kochen Sie sie 1 Minute lang oder bis sie gar sind. Auf einen Teller geben.

Rote Paprikaflocken und Knoblauch in Öl in eine Pfanne geben und unter Rühren 30 Sekunden kochen lassen. Den Wein hinzufügen und kochen, bis er auf die Hälfte reduziert ist.

Die Tomaten dazugeben und anbraten, bis sie zu zerfallen beginnen (ca. 3 bis 4 Minuten). Fügen Sie die reservierten Garnelen, Salz, Pfeffer und Basilikum hinzu. Weitere 1 bis 2 Minuten kochen lassen.

Mit dem restlichen Basilikum garniert servieren.

Nährwert (pro 100 g): 282 Kalorien, 10 g Fett, 7 g Kohlenhydrate, 33 g Protein, 593 mg Natrium

Garnelen-Paella

Zubereitungszeit: 10 Minuten
Zeit zu Kochen: 25 Minuten
Portionen: 4
Schwierigkeitsgrad: mittel

Zutaten:

- Olivenöl - 2 Esslöffel.
- Mittlere Zwiebel – 1, gewürfelt
- Rote Paprika – 1, in Scheiben geschnitten
- Knoblauch – 3 Zehen, gehackt
- Prise Safran
- Peperoni – ¼ Teelöffel.
- Salz - 1 TL.
- Frisch gemahlener schwarzer Pfeffer – ½ Teelöffel.
- Hühnerbrühe – 3 Tassen, geteilt
- Kurzkörniger weißer Reis – 1 Tasse
- Große Garnelen, geschält und gehobelt – 1 Pfund
- Gefrorene Erbsen – 1 Tasse, aufgetaut

Anweisungen:

Öl in einer Bratpfanne erhitzen. Zwiebel und Pfeffer dazugeben und 6 Minuten anbraten, bis sie weich sind. Salz, Pfeffer, Paprika, Kurkuma und Knoblauch hinzufügen und vermischen. 2 ½ Tassen Brühe und den Reis hinzufügen.

Bringen Sie die Mischung zum Kochen und kochen Sie sie etwa 12 Minuten lang, bis der Reis gar ist. Legen Sie die Garnelen und Erbsen auf den Reis und fügen Sie die restliche halbe Tasse Brühe hinzu.

Decken Sie die Pfanne ab und kochen Sie, bis alle Garnelen gar sind (ca. 5 Minuten). Teilnehmen.

Nährwert (pro 100 g):409 Kalorien, 10 g Fett, 51 g Kohlenhydrate, 25 g Protein, 693 mg Natrium

Linsensalat mit Oliven, Minze und Fetakäse

Zubereitungszeit: 60 Minuten

Zeit zu Kochen: 60 Minuten

Portionen: 6

Schwierigkeitsgrad: mittel

Zutaten:

- Salz und Pfeffer
- Französische Linsen – 1 Tasse, sortiert und abgespült
- Knoblauch – 5 Zehen, leicht zerdrückt und geschält
- Lorbeerblatt - 1
- Extra natives Olivenöl – 5 Esslöffel.
- Weißweinessig – 3 Esslöffel.
- Entkernte Kalamata-Oliven – ½ Tasse, gehackt
- Gehackte frische Minze – ½ Tasse
- Schalotte – 1 groß, gehackt
- Feta-Käse – 1 Unze, zerbröckelt

Anweisungen:

Fügen Sie 4 Tassen warmes Wasser und 1 TL hinzu. Salz in einer Schüssel. Die Linsen dazugeben und 1 Stunde bei Zimmertemperatur einweichen lassen. Gut trocknen.

Stellen Sie den Ofenrost in die Mitte und heizen Sie den Ofen auf 325 °F vor. Linsen, 4 Tassen Wasser, Knoblauch, Lorbeerblatt und

½ TL vermischen. Salz in einem Topf. Decken Sie die Form ab, stellen Sie sie in den Ofen und kochen Sie sie 40 bis 60 Minuten lang oder bis die Linsen weich sind.

Linsen gut abtropfen lassen, Knoblauch und Lorbeerblatt wegwerfen. In einer großen Schüssel Öl und Essig vermischen. Schalotten, Minze, Oliven und Linsen hinzufügen und gut vermischen.

Mit Salz und Pfeffer abschmecken. Gut auf das Blech legen und mit Feta-Käse dekorieren. Teilnehmen.

Nährwert (pro 100 g): 249 Kalorien 14,3 g Fett 22,1 g Kohlenhydrate 9,5 g Protein 885 mg Natrium

Kichererbsen mit Knoblauch und Petersilie

Zubereitungszeit: 5 Minuten
Zeit zu Kochen: 20 Minuten
Portionen: 6
Schwierigkeitsgrad: mittel

Zutaten:

- Extra natives Olivenöl – ¼ Tasse
- Knoblauch – 4 Zehen, in dünne Scheiben geschnitten
- Rote Paprikaflocken – 1/8 TL.
- Zwiebel – 1, gehackt
- Salz und Pfeffer
- Kichererbsen – 2 Dosen (15 Unzen), abgespült
- Hühnerbrühe – 1 Tasse
- gehackte frische Petersilie - 2 EL.
- Zitronensaft – 2 Esslöffel.

Anweisungen:

In eine Pfanne 3 EL geben. Olivenöl hinzufügen und die Knoblauch- und Chiliflocken 3 Minuten kochen lassen. Zwiebel und ¼ TL hinzufügen. Salz hinzufügen und 5 bis 7 Minuten kochen lassen.

Kichererbsen und Brühe hinzufügen und zum Kochen bringen. Hitze reduzieren und zugedeckt 7 Minuten köcheln lassen.

Nehmen Sie den Deckel auf, stellen Sie die Hitze hoch und lassen Sie das Ganze 3 Minuten lang kochen, bis die gesamte Flüssigkeit verdampft ist. Den Zitronensaft und die Petersilie beiseite stellen und hinzufügen.

Mit Salz und Pfeffer abschmecken. Mit 1 EL bestreuen. Olivenöl hinzufügen und servieren.

Nährwert (pro 100 g): 611 Kalorien 17,6 g Fett 89,5 g Kohlenhydrate 28,7 g Protein 789 mg Natrium

Kichererbseneintopf mit Auberginen und Tomaten

Zubereitungszeit: 10 Minuten
Zeit zu Kochen: 60 Minuten
Portionen: 6
Schwierigkeitsgrad: leicht

Zutaten:

- Extra natives Olivenöl – ¼ Tasse
- Zwiebeln – 2, gehackt
- Grüne Paprika – 1, fein gehackt
- Salz und Pfeffer
- Knoblauch – 3 Zehen, gehackt
- gehackter frischer Oregano – 1 Esslöffel.
- Lorbeerblätter - 2
- Aubergine – 1 Pfund, in 1-Zoll-Stücke geschnitten
- Ganze geschälte Tomaten – 1 Dose, mit aufgefangenem Saft abgetropft, gehackt
- Kichererbsen: 2 Dosen (15 Unzen), abgetropft mit 1 Tasse zurückbehaltener Flüssigkeit

Anweisungen:

Stellen Sie den Ofenrost unten in die Mitte und erhitzen Sie den Ofen auf 400 F. Erhitzen Sie Öl in einem Topf. Paprika, Zwiebel und ½ TL hinzufügen. Salz und ¼ TL. Pfeffer. 5 Minuten braten.

1 EL hinzufügen. Oregano, Knoblauch und Lorbeerblätter hinzufügen und 30 Sekunden kochen lassen. Tomaten, Auberginen, beiseite gestellten Saft, Kichererbsen und beiseite gestellte Flüssigkeit hinzufügen und zum Kochen bringen. Stellen Sie die Form in den Ofen und backen Sie sie ohne Deckel 45 bis 60 Minuten lang. Zweimal mischen.

Lorbeerblätter wegwerfen. Fügen Sie die 2 EL hinzu. restlichen Teelöffel Oregano und mit Salz und Pfeffer würzen. Teilnehmen.

Nährwert (pro 100 g): 642 Kalorien 17,3 g Fett 93,8 g Kohlenhydrate 29,3 g Protein 983 mg Natrium

Griechischer Zitronenreis

Zubereitungszeit: 20 Minuten

Zeit zu Kochen: 45 Minuten

Portionen: 6

Schwierigkeitsgrad: mittel

Zutaten:

- Langkornreis: 2 Tassen, roh (20 Minuten in kaltem Wasser eingeweicht und dann abgetropft)
- Extra natives Olivenöl – 3 Esslöffel.
- Gelbe Zwiebel – 1 mittelgroß, gehackt
- Knoblauch – 1 Zehe, gehackt
- Orzo-Nudeln – ½ Tasse
- Saft von 2 Zitronen, plus Schale von 1 Zitrone
- Brühe mit niedrigem Natriumgehalt – 2 Tassen
- Prise Salz
- Gehackte Petersilie – 1 große Handvoll
- Dill - 1 EL.

Anweisungen:

In einem Topf 3 EL erhitzen. Natives Olivenöl extra. Die Zwiebel dazugeben und 3 bis 4 Minuten anbraten. Orzo-Nudeln und Knoblauch dazugeben und umrühren.

Dann den Reis dazugeben, bis alles bedeckt ist. Brühe und Zitronensaft hinzufügen. Aufkochen lassen und die Hitze reduzieren. Abdecken und etwa 20 Minuten kochen lassen.

Vom Feuer nehmen. Abdecken und 10 Minuten ruhen lassen. Den Deckel aufdecken und Zitronenschale, Dill und Petersilie hinzufügen. Teilnehmen.

Nährwert (pro 100 g): 145 Kalorien 6,9 g Fett 18,3 g Kohlenhydrate 3,3 g Protein 893 mg Natrium

Reis mit Knoblauch und Kräutern

Zubereitungszeit: 10 Minuten

Zeit zu Kochen: 30 Minuten

Portionen: 4

Schwierigkeitsgrad: leicht

Zutaten:

- Extra natives Olivenöl – ½ Tasse, geteilt
- Große Knoblauchzehen – 5, gehackt
- Jasminbrauner Reis – 2 Tassen
- Wasser – 4 Tassen
- Meersalz - 1 TL.
- Schwarzer Pfeffer - 1 EL.
- Gehackter frischer Schnittlauch – 3 Esslöffel.
- gehackte frische Petersilie – 2 EL.
- Gehacktes frisches Basilikum – 1 Esslöffel.

Anweisungen:

In einen Topf ¼ Tasse Olivenöl, Knoblauch und Reis geben. Umrühren und bei mittlerer Hitze erhitzen. Wasser, Meersalz und schwarzen Pfeffer hinzufügen. Dann noch einmal mischen.

Aufkochen lassen und die Hitze reduzieren. Bei schwacher Hitze ohne Deckel kochen lassen, dabei gelegentlich umrühren.

Wenn das Wasser fast aufgesogen ist, vermischen Sie das restliche ¼ Tasse Olivenöl mit Basilikum, Petersilie und Schnittlauch.

Rühren, bis die Kräuter eingearbeitet sind und das gesamte Wasser aufgesogen ist.

Nährwert (pro 100 g): 304 Kalorien, 25,8 g Fett, 19,3 g Kohlenhydrate, 2 g Protein, 874 mg Natrium

Mediterraner Reissalat

Zubereitungszeit: 10 Minuten

Zeit zu Kochen: 25 Minuten

Portionen: 4

Schwierigkeitsgrad: mittel

Zutaten:

- Extra natives Olivenöl – ½ Tasse, geteilt
- Langkörniger brauner Reis – 1 Tasse
- Wasser – 2 Tassen
- Frischer Zitronensaft – ¼ Tasse
- Knoblauchzehe – 1, gehackt
- Gehackter frischer Rosmarin – 1 Esslöffel.
- Gehackte frische Minze – 1 Esslöffel.
- Belgische Endivie – 3, gehackt
- Roter Pfeffer – 1 mittelgroß, gehackt
- Gewächshausgurke – 1, gehackt
- Gehackte ganze Frühlingszwiebel – ½ Tasse
- Gehackte Kalamata-Oliven – ½ Tasse
- Rote Paprikaflocken – ¼ Teelöffel.
- Zerbröckelter Feta-Käse – ¾ Tasse
- Meersalz und schwarzer Pfeffer

Anweisungen:

¼ Tasse Olivenöl, Reis und eine Prise Salz in einer Bratpfanne bei schwacher Hitze erhitzen. Umrühren, um den Reis zu bedecken. Das Wasser hinzufügen und kochen, bis das Wasser aufgesogen ist. Gelegentlich umrühren. Den Reis in eine große Schüssel geben und abkühlen lassen.

In einer anderen Schüssel das restliche ¼ Tasse Olivenöl, rote Paprikaflocken, Oliven, Frühlingszwiebeln, Gurke, Paprika, Endivie, Minze, Rosmarin, Knoblauch und Zitronensaft vermischen.

Den Reis zur Mischung hinzufügen und gut vermischen. Den Feta-Käse vorsichtig unterheben.

Abschmecken und nachwürzen. Teilnehmen.

Nährwert (pro 100 g): 415 Kalorien, 34 g Fett, 28,3 g Kohlenhydrate, 7 g Protein, 4755 mg Natrium

Frischer Bohnen-Thunfisch-Salat

Zubereitungszeit: 5 Minuten

Zeit zu Kochen: 20 Minuten

Portionen: 6

Schwierigkeitsgrad: leicht

Zutaten:

- Frische geschälte Bohnen (geschält) – 2 Tassen
- Lorbeerblätter - 2
- Extra natives Olivenöl – 3 Esslöffel.
- Rotweinessig - 1 Esslöffel.
- Salz und schwarzer Pfeffer
- Thunfisch bester Qualität: 1 Dose (6 Unzen), verpackt in Olivenöl
- Gesalzene Kapern - 1 EL. durchnässt und trocken
- fein gehackte glatte Petersilie – 2 EL.
- Rote Zwiebel – 1, in Scheiben geschnitten

Anweisungen:

Leicht gesalzenes Wasser in einem Topf aufkochen. Bohnen und Lorbeerblätter hinzufügen; Dann 15 bis 20 Minuten kochen oder bis die Bohnen weich, aber noch fest sind. Abgießen, die Aromastoffe entfernen und in eine Schüssel geben.

Die Bohnen sofort mit Essig und Öl würzen. Salz und schwarzen Pfeffer hinzufügen. Gut vermischen und die Gewürze anpassen. Den Thunfisch abtropfen lassen und das Thunfischmark auf dem Bohnensalat verteilen. Petersilie und Kapern hinzufügen. Die roten Zwiebelscheiben vermischen und darauf verteilen. Teilnehmen.

Nährwert (pro 100 g): 85 Kalorien 7,1 g Fett 4,7 g Kohlenhydrate 1,8 g Protein 863 mg Natrium

Leckere Hühnernudeln

Zubereitungszeit: 10 Minuten
Zeit zu Kochen: 17 Minuten
Portionen: 4
Schwierigkeitsgrad: leicht

Zutaten:

- 3 Hähnchenbrüste ohne Knochen und Haut, in Stücke geschnitten
- 9 Unzen Vollkornnudeln
- 1/2 Tasse Oliven, in Scheiben geschnitten
- 1/2 Tasse sonnengetrocknete Tomaten
- 1 Esslöffel geröstete rote Paprika, gehackt
- 14 Unzen gewürfelte Tomaten
- 2 Tassen Marinara-Sauce
- 1 Tasse Hühnerbrühe
- Pfeffer
- Salz

Anweisungen:

Alle Zutaten außer Vollkornnudeln im Instant Pot vermischen.

Den Deckel schließen und bei starker Hitze 12 Minuten garen.

Sobald dies erledigt ist, lassen Sie den Druck auf natürliche Weise ablassen. Abdeckung entfernen.

Die Makkaroni dazugeben und gut vermischen. Schließen Sie den Topf, wählen Sie „Manuell" und stellen Sie den Timer auf 5 Minuten.

Wenn Sie fertig sind, lassen Sie den Druck 5 Minuten lang ab und lassen Sie dann den Rest mit dem Schnellverschluss ab. Abdeckung entfernen. Gut umrühren und servieren.

Nährwert (pro 100 g): 615 Kalorien 15,4 g Fett 71 g Kohlenhydrate 48 g Protein 631 mg Natrium

Reisschüssel mit Taco-Geschmack

Zubereitungszeit: 10 Minuten

Zeit zu Kochen: 14 Minuten

Portionen: 8

Schwierigkeitsgrad: mittel

Zutaten:

- 1 Kilo Hackfleisch
- 8 Unzen geriebener Cheddar-Käse
- 14 Unzen Kidneybohnen
- 2 Unzen Taco-Gewürz
- 16 Unzen Soße
- 2 Tassen Wasser
- 2 Tassen brauner Reis
- Pfeffer
- Salz

Anweisungen:

Stellen Sie den Instant Pot auf den Sauté-Modus.

Das Fleisch in die Pfanne geben und goldbraun braten.

Wasser, Bohnen, Reis, Taco-Gewürz, Pfeffer und Salz hinzufügen und gut vermischen.

Mit Soße bedecken. Den Deckel schließen und bei starker Hitze 14 Minuten garen.

Sobald dies erledigt ist, lassen Sie den Druck mithilfe des Schnellspanners ab. Abdeckung entfernen.

Den Cheddar-Käse hinzufügen und rühren, bis der Käse geschmolzen ist.

Servieren und genießen.

Nährwert (pro 100 g): 464 Kalorien 15,3 g Fett 48,9 g Kohlenhydrate 32,2 g Protein 612 mg Natrium

Leckere Makkaroni und Käse

Zubereitungszeit: 10 Minuten

Zeit zu Kochen: 10 Minuten

Portionen: 6

Schwierigkeitsgrad: leicht

Zutaten:

- 16 Unzen Vollkornnudeln
- 4 Tassen Wasser
- 1 Tasse Dosentomaten, gehackt
- 1 Teelöffel gehackter Knoblauch
- 2 Esslöffel Olivenöl
- 1/4 Tasse gehackte Frühlingszwiebel
- 1/2 Tasse geriebener Parmesan
- 1/2 Tasse geriebener Mozzarella-Käse
- 1 Tasse geriebener Cheddar-Käse
- 1/4 Tasse Passata
- 1 Tasse ungesüßte Mandelmilch
- 1 Tasse marinierte Artischocken, gewürfelt
- 1/2 Tasse sonnengetrocknete Tomaten, in Scheiben geschnitten
- 1/2 Tasse Oliven, in Scheiben geschnitten
- 1 Teelöffel Salz

Anweisungen:

Nudeln, Wasser, Tomaten, Knoblauch, Öl und Salz in den Instant Pot geben und gut vermischen. Den Deckel abdecken und bei starker Hitze kochen.

Sobald dies erledigt ist, lassen Sie den Druck für einige Minuten ab und lassen Sie den Rest dann durch schnelles Waschen ab. Abdeckung entfernen.

Stellen Sie die Pfanne auf den Sauté-Modus. Frühlingszwiebel, Parmesan, Mozzarella, Cheddar-Käse, Passata, Mandelmilch, Artischocke, sonnengetrocknete Tomaten und Oliven hinzufügen. Gut mischen.

Gut vermischen und kochen, bis der Käse schmilzt.

Servieren und genießen.

Nährwert (pro 100 g): 519 Kalorien 17,1 g Fett 66,5 g Kohlenhydrate 25 g Protein 588 mg Natrium

Reis mit Gurke und Oliven

Zubereitungszeit: 10 Minuten

Zeit zu Kochen: 10 Minuten

Portionen: 8

Schwierigkeitsgrad: mittel

Zutaten:

- 2 Tassen Reis, abgespült
- 1/2 Tasse entkernte Oliven
- 1 Tasse gehackte Gurke
- 1 Esslöffel Rotweinessig
- 1 Teelöffel Zitronenschale, gerieben
- 1 Esslöffel frischer Zitronensaft
- 2 Esslöffel Olivenöl
- 2 Tassen Gemüsebrühe
- 1/2 Teelöffel getrockneter Oregano
- 1 rote Paprika gehackt
- 1/2 Tasse gehackte Zwiebel
- 1 Esslöffel Olivenöl
- Pfeffer
- Salz

Anweisungen:

Geben Sie Öl in den Innentopf des Instant Pot und stellen Sie den Topf auf den Anbraten-Modus. Die Zwiebel dazugeben und 3

Minuten anbraten. Pfeffer und Oregano hinzufügen und 1 Minute anbraten.

Reis und Brühe hinzufügen und gut vermischen. Den Deckel schließen und bei starker Hitze 6 Minuten garen. Sobald dies erledigt ist, lassen Sie den Druck 10 Minuten lang nachlassen und lassen Sie dann den Rest mit dem Schnellspanner ab. Abdeckung entfernen.

Die restlichen Zutaten hinzufügen und gut verrühren. Sofort servieren und genießen.

Nährwert (pro 100 g): 229 Kalorien 5,1 g Fett 40,2 g Kohlenhydrate 4,9 g Protein 210 mg Natrium

Risotto-Geschmack mit Kräutern

Zubereitungszeit: 10 Minuten

Zeit zu Kochen: 15 Minuten

Portionen: 4

Schwierigkeitsgrad: mittel

Zutaten:

- 2 Tassen Reis
- 2 Esslöffel geriebener Parmesan
- 3,5 Unzen saure Sahne
- 1 Esslöffel frischer Oregano, gehackt
- 1 Esslöffel frisches Basilikum, gehackt
- 1/2 Esslöffel Salbei, gehackt
- 1 gehackte Zwiebel
- 2 Esslöffel Olivenöl
- 1 Teelöffel gehackter Knoblauch
- 4 Tassen Gemüsebrühe
- Pfeffer
- Salz

Anweisungen:

Geben Sie das Öl in den Innentopf des Instant Pot und stellen Sie den Topf auf den Anbraten-Modus. Den Knoblauch und die Zwiebel in den Innentopf des Instant Pot geben und in der Pfanne anbraten. Knoblauch und Zwiebel dazugeben und 2-3 Minuten anbraten.

Die restlichen Zutaten außer Parmesan und Sahne dazugeben und gut vermischen. Den Deckel schließen und bei starker Hitze 12 Minuten garen.

Sobald dies erledigt ist, lassen Sie den Druck für 10 Minuten ab und lassen Sie dann den Rest mit dem Schnellspanner ab. Abdeckung entfernen. Sahne und Käse dazugeben und servieren.

Nährwert (pro 100 g):514 Kalorien 17,6 g Fett 79,4 g Kohlenhydrate 8,8 g Protein 488 mg Natrium

leckere Frühlingsnudeln

Zubereitungszeit: 10 Minuten

Zeit zu Kochen: 4 Minuten

Portionen: 4

Schwierigkeitsgrad: leicht

Zutaten:

- 8 Unzen Vollkorn-Penne-Nudeln
- 1 Esslöffel frischer Zitronensaft
- 2 Esslöffel frische Petersilie, gehackt
- 1/4 Tasse geschnittene Mandeln
- 1/4 Tasse geriebener Parmesan
- 14 Unzen gewürfelte Tomaten
- 1/2 Tasse Pflaumen
- 1/2 Tasse gehackte Zucchini
- 1/2 Tasse Spargel
- 1/2 Tasse gehackte Karotte
- 1/2 Tasse gehackter Brokkoli
- 1 3/4 Tasse Gemüsebrühe
- Pfeffer
- Salz

Anweisungen:

Brühe, Karotten, Tomaten, Pflaumen, Zucchini, Spargel, Karotten und Brokkoli in den Instant Pot geben und gut vermischen. Verschließen und bei starker Hitze 4 Minuten garen. Sobald dies erledigt ist, lassen Sie den Druck mithilfe des Schnellspanners ab. Abdeckung entfernen. Die restlichen Zutaten gut vermischen und servieren.

Nährwert (pro 100 g): 303 Kalorien 2,6 g Fett 63,5 g Kohlenhydrate 12,8 g Protein 918 mg Natrium

Pasta mit gerösteten Paprika

Zubereitungszeit: 10 Minuten
Zeit zu Kochen: 13 Minuten
Portionen: 6
Schwierigkeitsgrad: mittel

Zutaten:

- 1 Pfund Vollkorn-Penne-Nudeln
- 1 Esslöffel italienisches Gewürz
- 4 Tassen Gemüsebrühe
- 1 Esslöffel gehackter Knoblauch
- 1/2 Zwiebel gehackt
- Geröstete rote Paprika im 14-Unzen-Glas
- 1 Tasse Feta-Käse, zerbröselt
- 1 Esslöffel Olivenöl
- Pfeffer
- Salz

Anweisungen:

Die geröstete Paprika in einen Mixer geben und glatt rühren. Geben Sie das Öl in den Innentopf des Instant Pot und stellen Sie den Topf auf den Anbraten-Modus. Den Knoblauch und die Zwiebel in die innere Tasse des Instant-Topfes geben und kochen. Knoblauch und Zwiebel dazugeben und 2-3 Minuten anbraten.

Die geröstete Paprika dazugeben und 2 Minuten anbraten.

Die restlichen Zutaten außer dem Feta-Käse hinzufügen und gut vermischen. Gut verschließen und bei starker Hitze 8 Minuten garen. Wenn Sie fertig sind, lassen Sie den Druck 5 Minuten lang auf natürliche Weise ab und lassen Sie dann den Rest mit dem Schnellverschluss ab. Abdeckung entfernen. Mit Fetakäse belegen und servieren.

Nährwert (pro 100 g): 459 Kalorien 10,6 g Fett 68,1 g Kohlenhydrate 21,3 g Protein 724 mg Natrium

Käse mit Basilikum und Reis mit Tomate

Zubereitungszeit: 10 Minuten

Zeit zu Kochen: 26 Minuten

Portionen: 8

Schwierigkeitsgrad: mittel

Zutaten:

- 1 1/2 Tassen brauner Reis
- 1 Tasse geriebener Parmesan
- 1/4 Tasse gehacktes frisches Basilikum
- 2 Tassen Traubentomaten, halbiert
- 8 Unzen Tomatensauce
- 1 3/4 Tasse Gemüsebrühe
- 1 Esslöffel gehackter Knoblauch
- 1/2 Tasse gehackte Zwiebel
- 1 Esslöffel Olivenöl
- Pfeffer
- Salz

Anweisungen:

Geben Sie das Öl in die Innenschüssel des Instant Pot und wählen Sie die Schmorpfanne aus. Geben Sie den Knoblauch und die Zwiebel in den Innentopf des Instant Pot und lassen Sie sie anbraten. Knoblauch und Zwiebel mischen und 4 Minuten braten. Reis, Tomatensauce, Brühe, Pfeffer und Salz hinzufügen und gut vermischen.

Abdecken und bei starker Hitze 22 Minuten kochen lassen.

Sobald dies erledigt ist, lassen Sie den Druck 10 Minuten lang ablassen und lassen Sie dann den Rest mit dem Schnellspanner ab. Abdeckung entfernen. Die restlichen Zutaten hinzufügen und vermischen. Servieren und genießen.

Nährwert (pro 100 g): 208 Kalorien 5,6 g Fett 32,1 g Kohlenhydrate 8,3 g Protein 863 mg Natrium

Makaroni und Käse

Zubereitungszeit: 10 Minuten

Zeit zu Kochen: 4 Minuten

Portionen: 8

Schwierigkeitsgrad: leicht

Zutaten:

- 1 Pfund Vollkornnudeln
- 1/2 Tasse geriebener Parmesan
- 4 Tassen geriebener Cheddar-Käse
- 1 Tasse Milch
- 1/4 Teelöffel Knoblauchpulver
- 1/2 Teelöffel gemahlener Senf
- 2 Esslöffel Olivenöl
- 4 Tassen Wasser
- Pfeffer
- Salz

Anweisungen:

Nudeln, Knoblauchpulver, Senf, Öl, Wasser, Pfeffer und Salz in den Instant Pot geben. Gut verschließen und bei starker Hitze 4 Minuten garen. Wenn Sie fertig sind, lassen Sie den Druck mithilfe des Schnellspanners ab. Öffne den Deckel. Die restlichen Zutaten hinzufügen, gut vermischen und servieren.

Nährwert (pro 100 g): 509 Kalorien 25,7 g Fett 43,8 g Kohlenhydrate 27,3 g Protein 766 mg Natrium

Thunfischnudeln

Zubereitungszeit: 10 Minuten

Zeit zu Kochen: 8 Minuten

Portionen: 6

Schwierigkeitsgrad: mittel

Zutaten:

- 10 Unzen Thunfisch, abgetropft
- 15 Unzen Vollkorn-Rotini-Nudeln
- 4 Unzen Mozzarella-Käse, gewürfelt
- 1/2 Tasse geriebener Parmesan
- 1 Teelöffel getrocknetes Basilikum
- 14 Unzen Dosentomaten
- 4 Tassen Gemüsebrühe
- 1 Esslöffel gehackter Knoblauch
- 8 Unzen Pilze, in Scheiben geschnitten
- 2 Zucchini schneiden
- 1 gehackte Zwiebel
- 2 Esslöffel Olivenöl
- Pfeffer
- Salz

Anweisungen:

Gießen Sie Öl in den Innentopf des Instant Pot und drücken Sie zum Anbraten auf den Topf. Pilze, Zucchini und Zwiebeln dazugeben und anbraten, bis die Zwiebeln weich werden. Den Knoblauch dazugeben und eine Minute anbraten.

Nudeln, Basilikum, Thunfisch, Tomate und Brühe hinzufügen und gut vermischen. Abdecken und bei starker Hitze 4 Minuten kochen lassen. Wenn Sie fertig sind, lassen Sie den Druck 5 Minuten lang ab und lassen Sie dann den Rest mit dem Schnellverschluss ab. Abdeckung entfernen. Die restlichen Zutaten hinzufügen, gut vermischen und servieren.

Nährwert (pro 100 g): 346 Kalorien 11,9 g Fett 31,3 g Kohlenhydrate 6,3 g Protein 830 mg Natrium

Avocado-Puten-Panini-Mix

Zubereitungszeit: 5 Minuten

Zeit zu Kochen: 8 Minuten

Portionen: 2

Schwierigkeitsgrad: leicht

Zutaten:

- 2 rote Paprika, geröstet und in Streifen geschnitten
- ¼ Pfund in Mesquite geräucherte Putenbrust, in dünne Scheiben geschnitten
- 1 Tasse frische Spinatblätter, geteilt
- 2 Scheiben Provolone-Käse
- 1 Esslöffel Olivenöl, geteilt
- 2 Ciabatta-Rollen
- ¼ Tasse Mayonnaise
- ½ reife Avocado

Anweisungen:

In einer Schüssel Mayonnaise und Avocado gut vermischen. Anschließend die Panini-Presse vorheizen.

Die Brote halbieren und das Brot mit Olivenöl bestreichen. Dann mit der Füllung füllen und schichtweise verteilen: Provolone-Käse, Putenbrust, geröstete Paprika, Spinatblätter und die Avocadomischung darauf verteilen und mit der anderen Brotscheibe bedecken.

Legen Sie das Sandwich in die Panini-Presse und grillen Sie es 5 bis 8 Minuten lang, bis der Käse geschmolzen und das Brot knusprig und knusprig ist.

Nährwert (pro 100 g): 546 Kalorien 34,8 g Fett 31,9 g Kohlenhydrate 27,8 g Protein 582 mg Natrium

Gurken-, Hühnchen- und Mango-Wrap

Zubereitungszeit: 5 Minuten

Zeit zu Kochen: 20 Minuten

Portionen: 1

Schwierigkeitsgrad: schwierig

Zutaten:

- ½ mittelgroße Gurke der Länge nach aufschneiden
- ½ reife Mango
- 1 Esslöffel Vinaigrette Ihrer Wahl
- 1 Vollkorn-Tortilla
- Hähnchenbrustscheibe, ca. 2,5 cm dick und ca. 15 cm lang
- 2 Esslöffel Öl zum Braten
- 2 Esslöffel Vollkornmehl
- 2 bis 4 Salatblätter
- Salz und Pfeffer nach Geschmack

Anweisungen:

Schneiden Sie eine Hähnchenbrust in 1-Zoll-Streifen und kochen Sie insgesamt nur 6-Zoll-Streifen. Sie wären wie zwei Hähnchenstreifen. Bewahren Sie das restliche Huhn für die zukünftige Verwendung auf.

Das Hähnchen mit Pfeffer und Salz würzen. Durch Vollkornmehl streichen.

Stellen Sie bei mittlerer Hitze eine kleine beschichtete Pfanne auf und erhitzen Sie das Öl. Wenn das Öl heiß ist, fügen Sie die Hähnchenstreifen hinzu und braten Sie sie etwa 5 Minuten pro Seite goldbraun.

Während das Hähnchen kocht, die Tortillas in den Ofen geben und 3 bis 5 Minuten garen. Dann beiseite stellen und auf einen Teller geben.

Schneiden Sie die Gurke der Länge nach auf, verwenden Sie nur die Hälfte und bewahren Sie die restliche Gurke auf. Die Gurke vierteln und die Schale entfernen. Legen Sie die beiden Gurkenscheiben 2,5 cm vom Rand entfernt in die Tortilla-Hülle.

Schneiden Sie die Mango ab und bewahren Sie die andere Hälfte mit den Kernen auf. Die entkernte Mango schälen, in Streifen schneiden und auf die Gurke im Tortilla-Teig legen.

Sobald das Hähnchen gar ist, legen Sie es in einer Reihe neben die Gurke.

Das Gurkenblatt hinzufügen und mit der Vinaigrette Ihrer Wahl beträufeln.

Tortilla aufrollen, servieren und genießen.

Nährwert (pro 100 g): 434 Kalorien, 10 g Fett, 65 g Kohlenhydrate, 21 g Protein, 691 mg Natrium

Fattoush – Brot aus dem Nahen Osten

Zubereitungszeit: 10 Minuten

Zeit zu Kochen: 15 Minuten

Portionen: 6

Schwierigkeitsgrad: schwierig

Zutaten:

- 2 Fladenbrote
- 1 Esslöffel natives Olivenöl extra
- 1/2 Teelöffel Sumach, mehr für später
- Salz und Pfeffer
- 1 Herz Römersalat
- 1 englische Gurke
- 5 römische Tomaten
- 5 Frühlingszwiebeln
- 5 Radieschen
- 2 Tassen gehackte frische Petersilienblätter
- 1 Tasse gehackte frische Minzblätter
- <u>Zutaten für die Soße:</u>
- 1 1/2 Zitrone, Saft
- 1/3 Tasse natives Olivenöl extra
- Salz und Pfeffer
- 1 Teelöffel gemahlener Sumach
- 1/4 Teelöffel gemahlener Zimt
- nur 1/4 Teelöffel gemahlener Piment

Anweisungen:

Das Fladenbrot 5 Minuten im Toaster rösten. Und dann das Fladenbrot in Stücke reißen.

In einem großen Topf bei mittlerer Hitze 3 Esslöffel Olivenöl 3 Minuten lang erhitzen. Das Fladenbrot dazugeben und unter Rühren etwa 4 Minuten goldbraun braten.

Salz, Pfeffer und 1/2 Teelöffel Sumach hinzufügen. Nehmen Sie die Pommes vom Herd und legen Sie sie zum Abtropfen auf saugfähiges Papier.

Den gehackten Salat, die Gurke, die Tomate, den Schnittlauch, die Radieschenscheiben, die Minzblätter und die Petersilie in einer großen Salatschüssel gründlich vermischen.

Für die Zitronenvinaigrette alle Zutaten in einer kleinen Schüssel vermischen.

Das Dressing zum Salat geben und gut vermischen. Das Fladenbrot vermischen.

Servieren und genießen.

Nährwert (pro 100 g): 192 Kalorien 13,8 g Fett 16,1 g Kohlenhydrate 3,9 g Protein 655 mg Natrium

Glutenfreie Tomaten-Knoblauch-Focaccia

Zubereitungszeit: 5 Minuten

Zeit zu Kochen: 20 Minuten

Portionen: 8

Schwierigkeitsgrad: schwierig

Zutaten:

- 1 Ei
- ½ Teelöffel Zitronensaft
- 1 Esslöffel Honig
- 4 Esslöffel Olivenöl
- eine Prise Zucker
- 1 ¼ Tasse heißes Wasser
- 1 Esslöffel aktive Trockenhefe
- 2 Teelöffel gehackter Rosmarin
- 2 Teelöffel gehackter Thymian
- 2 Teelöffel gehacktes Basilikum
- 2 Knoblauchzehen, gehackt
- 1 ¼ Teelöffel Meersalz
- 2 Teelöffel Xanthangummi
- ½ Tasse Hirsemehl
- 1 Tasse Kartoffelstärke, kein Mehl
- 1 Tasse Sorghummehl
- Glutenfreies Maismehl zum Bestreuen

Anweisungen:

Schalten Sie den Ofen für 5 Minuten ein und dann aus, während Sie die Ofentür geschlossen halten.

Warmes Wasser und eine Prise Zucker vermischen. Die Hefe hinzufügen und vorsichtig umrühren. 7 Minuten ruhen lassen.

In einer großen Schüssel Kräuter, Knoblauch, Salz, Xanthan, Stärke und Mehl vermengen. Sobald die Hefe fertig ist, gießen Sie sie in eine Schüssel mit Mehl. Ei, Zitronensaft, Honig und Olivenöl hinzufügen.

Gut vermischen und in eine gut gefettete, mit Maismehl bestreute quadratische Auflaufform geben. Mit frischem Knoblauch, weiteren Kräutern und Tomatenscheiben garnieren. In den heißen Ofen stellen und eine halbe Stunde ruhen lassen.

Schalten Sie den Ofen auf 375 °F ein und lassen Sie ihn 20 Minuten lang vorheizen. Die Focaccia ist fertig, sobald die Oberseite leicht gebräunt ist. Aus dem Ofen nehmen und sofort formen und abkühlen lassen. Es wird am besten heiß serviert.

Nährwert (pro 100 g): 251 Kalorien 9 g Fett 38,4 g Kohlenhydrate 5,4 g Protein 366 mg Natrium

Gegrillte Pilzburger

Zubereitungszeit: 15 Minuten

Zeit zu Kochen: 10 Minuten

Portionen: 4

Schwierigkeitsgrad: mittel

Zutaten:

- 2 Eisbergsalate, halbiert
- 4 Scheiben rote Zwiebel
- 4 Scheiben Tomate
- 4 Vollkornbrote, geröstet
- 2 Esslöffel Olivenöl
- ¼ Teelöffel Cayennepfeffer, optional
- 1 Knoblauchzehe, gehackt
- 1 Löffel Zucker
- ½ Tasse Wasser
- 1/3 Tasse Balsamico-Essig
- 4 große Portobello-Pilzkappen mit einem Durchmesser von etwa 5 Zoll

Anweisungen:

Entfernen Sie die Stiele von den Pilzen und wischen Sie sie mit einem feuchten Tuch ab. Mit den Kiemen nach oben auf ein Backblech legen.

In einer Schüssel Olivenöl, Cayennepfeffer, Knoblauch, Zucker, Wasser und Essig vermischen. Über die Pilze gießen und die Pilze mindestens eine Stunde lang in der Brühe marinieren.

Wenn die Stunde fast abgelaufen ist, heizen Sie den Grill auf mittlere bis hohe Hitze vor und ölen Sie den Rost ein.

Die Pilze auf jeder Seite fünf Minuten grillen oder bis sie weich sind. Die Pilze mit der Marinade übergießen, damit sie nicht austrocknen.

Zum Zusammenstellen die Hälfte des süßen Brotes auf einen Teller legen und mit einer Zwiebelscheibe, Pilzen, Tomaten und einem Salatblatt belegen. Mit der anderen oberen Hälfte des Brotes bedecken. Den Vorgang mit den restlichen Zutaten wiederholen, servieren und genießen.

Nährwert (pro 100 g): 244 Kalorien 9,3 g Fett 32 g Kohlenhydrate 8,1 g Protein 693 mg Natrium

Mittelmeer Baba Ghanoush

Zubereitungszeit: 10 Minuten

Zeit zu Kochen: 25 Minuten

Portionen: 4

Schwierigkeitsgrad: mittel

Zutaten:

- 1 Knoblauchzehe
- 1 rote Paprika, halbiert und entkernt
- 1 Esslöffel gehacktes frisches Basilikum
- 1 Esslöffel Olivenöl
- 1 Teelöffel schwarzer Pfeffer
- 2 Auberginen, der Länge nach geschnitten
- 2 Scheiben Fladenbrot oder Fladenbrot
- Saft von 1 Zitrone

Anweisungen:

Bestreichen Sie den Grill mit Kochspray und heizen Sie den Grill auf mittlere bis hohe Hitze vor.

Schneiden Sie die Enden des Knoblauchs ab und wickeln Sie ihn in Aluminiumfolie ein. Auf die kühlste Stelle des Grills legen und mindestens 20 Minuten garen. Legen Sie die Paprika- und Auberginenscheiben auf die heißeste Stelle des Grills. Auf beiden Seiten grillen.

Sobald die Zwiebeln gar sind, schälen Sie den gerösteten Knoblauch und geben Sie den geschälten Knoblauch in eine Küchenmaschine. Olivenöl, Pfeffer, Basilikum, Zitronensaft, geröstete rote Paprika und geröstete Auberginen hinzufügen. Machen Sie ein Püree und gießen Sie es in eine Schüssel.

Toasten Sie das Brot auf jeder Seite mindestens 30 Sekunden lang, um es aufzuwärmen. Das Brot mit der Püreesauce servieren und genießen.

Nährwert (pro 100 g): 231,6 Kalorien 4,8 g Fett 36,3 g Kohlenhydrate 6,3 g Protein 593 mg Natrium

Mehrkorn- und glutenfreie Brötchen

Zubereitungszeit: 10 Minuten
Zeit zu Kochen: 20 Minuten
Portionen: 8
Schwierigkeitsgrad: mittel

Zutaten:

- ½ Teelöffel Apfelessig
- 3 Esslöffel Olivenöl
- 2 Eier
- 1 Teelöffel Hefe
- 1 Teelöffel Salz
- 2 Teelöffel Xanthangummi
- ½ Tasse Tapiokastärke
- ¼ Tasse Vollkorn-Teffmehl
- ¼ Tasse Leinsamenmehl
- ¼ Tasse Amaranthmehl
- ¼ Tasse Sorghummehl
- ¾ Tasse braunes Reismehl

Anweisungen:

Wasser und Honig in einer kleinen Schüssel gut vermischen und die Hefe hinzufügen. Lassen Sie es genau 10 Minuten einwirken.

Kombinieren Sie Folgendes mit einem Mixer: Backpulver, Salz, Xanthangummi, Flachsmehl, Sorghummehl, Teffmehl, Tapiokastärke, Amaranthmehl und braunes Reismehl.

In einer mittelgroßen Schüssel Essig, Öl und Eier verquirlen.

Die Essig-Hefe-Mischung in eine Schüssel mit den trockenen Zutaten geben und gut vermischen.

Fetten Sie eine 12-Tassen-Muffinform mit Kochspray ein. Den Teig gleichmäßig auf 12 Muffinförmchen verteilen und eine Stunde ruhen lassen.

Heizen Sie dann den Ofen auf 375 °F vor und backen Sie die Brötchen etwa 20 Minuten lang, bis die Oberseite goldbraun ist.

Die Brote und Muffinformen sofort aus dem Ofen nehmen und abkühlen lassen.

Es wird am besten heiß serviert.

Nährwert (pro 100 g): 207 Kalorien 8,3 g Fett 27,8 g Kohlenhydrate 4,6 g Protein 844 mg Natrium

Meeresfrüchte-Linguine

Zubereitungszeit: 10 Minuten

Zeit zu Kochen: 35 Minuten

Portionen: 2

Schwierigkeitsgrad: schwierig

Zutaten:

- 2 Knoblauchzehen, gehackt
- 4 Unzen Vollkorn-Linguine
- 1 Esslöffel Olivenöl
- 14 oz Tomaten, aus der Dose und gewürfelt
- 1/2 Esslöffel Schalotte, gehackt
- 1/4 Tasse Weißwein
- Meersalz und schwarzer Pfeffer nach Geschmack.
- 6 Kirschmuscheln, gereinigt
- 4 Unzen Tilapia, in 1-Zoll-Streifen geschnitten
- 4 Unzen getrocknete Jakobsmuscheln
- 1/8 Tasse geriebener Parmesan
- 1/2 Teelöffel Majoran, gehackt und frisch

Anweisungen:

Bringen Sie das Wasser im Topf zum Kochen und kochen Sie die Nudeln, bis sie weich sind. Dies sollte etwa acht Minuten dauern. Die Nudeln abgießen und abspülen.

Das Öl in einer großen Pfanne bei mittlerer Hitze erhitzen und, wenn das Öl heiß ist, den Knoblauch und die Schalotten hinzufügen. Eine Minute kochen lassen und häufig umrühren.

Erhöhen Sie die Hitze auf mittelhoch, bevor Sie Salz, Wein, Pfeffer und Tomaten hinzufügen und zum Kochen bringen. Noch eine Minute kochen lassen.

Dann die Muscheln hinzufügen, abdecken und weitere zwei Minuten kochen lassen.

Dann Majoran, Jakobsmuscheln und Fisch hinzufügen. Weiter kochen, bis der Fisch vollständig gegart ist und sich die Muscheln öffnen. Dies dauert bis zu fünf Minuten und entfernt alle Muscheln, die sich nicht öffnen lassen.

Soße und Muscheln über die Nudeln verteilen und vor dem Servieren mit Parmesan und Majoran bestreuen. Heiß servieren.

Nährwert (pro 100 g): 329 Kalorien, 12 g Fett, 10 g Kohlenhydrate, 33 g Protein, 836 mg Natrium

Tomaten-Ingwer-Garnelen-Relish

Zubereitungszeit: 10 Minuten

Zeit zu Kochen: 15 Minuten

Portionen: 2

Schwierigkeitsgrad: schwierig

Zutaten:

- 1 1/2 Esslöffel Pflanzenöl
- 1 Knoblauchzehe, gehackt
- 10 Garnelen, extra groß, geschält und übrig gebliebene Schwänze
- 3/4 Esslöffel Finger, gerieben und geschält
- 1 grüne Tomate, halbiert
- 2 italienische Tomaten halbiert
- 1 Esslöffel Zitronensaft, frisch
- 1/2 Teelöffel Zucker
- 1/2 Esslöffel Jalapeño-Samen, frisch und gehackt
- 1/2 Esslöffel Basilikum, frisch und gehackt
- 1/2 Esslöffel Koriander, gehackt und frisch
- 10 Spieße
- Meersalz und schwarzer Pfeffer nach Geschmack.

Anweisungen:

Weichen Sie Ihre Spieße mindestens eine halbe Stunde lang in einem Topf mit Wasser ein.

Knoblauch und Ingwer in einer Schüssel vermischen, die Hälfte in eine größere Schüssel geben und mit zwei Esslöffeln Öl vermengen. Fügen Sie die Garnelen hinzu und stellen Sie sicher, dass sie gut bedeckt sind.

Abdecken und für mindestens eine halbe Stunde in den Kühlschrank stellen, dann abkühlen lassen.

Den Grill gut vorheizen und die Roste leicht mit Öl einfetten. Nehmen Sie eine Schüssel und vermischen Sie die Pflaume und die grünen Tomaten mit dem restlichen Esslöffel Olivenöl, würzen Sie mit Salz und Pfeffer.

Grillen Sie die Tomaten mit der Schnittfläche nach oben, sodass die Haut verkohlt sein sollte. Das Tomatenmark sollte weich sein, was bei italienischen Tomaten zwischen vier und sechs Minuten und bei grünen etwa zehn Minuten dauert.

Entfernen Sie die Haut, wenn die Tomaten kühl genug zum Anfassen sind, und entsorgen Sie dann die Kerne. Das Tomatenmark fein hacken und zum beiseite gestellten Ingwer und

Knoblauch geben. Zucker, Jalapeño, Limettensaft und Basilikum hinzufügen.

Würzen Sie die Garnelen mit Salz und Pfeffer, stecken Sie sie auf Spieße und grillen Sie sie etwa zwei Minuten pro Seite, bis sie undurchsichtig sind. Legen Sie die Garnelen mit Ihren Gewürzen auf einen Teller und genießen Sie sie.

Nährwert (pro 100 g): 391 Kalorien, 13 g Fett, 11 g Kohlenhydrate, 34 g Protein, 693 mg Natrium

Garnelen und Pasta

Zubereitungszeit: 10 Minuten

Zeit zu Kochen: 10 Minuten

Portionen: 2

Schwierigkeitsgrad: mittel

Zutaten:

- 2 Tassen Engelshaarnudeln, gekocht
- 1/2 Pfund mittelgroße Garnelen, geschält
- 1 Knoblauchzehe, gehackt
- 1 Tasse gehackte Tomaten
- 1 Teelöffel Olivenöl
- 1/6 Tasse Kalamata-Oliven, entkernt und gehackt
- 1/8 Tasse Basilikum, frisch und in dünne Scheiben geschnitten
- 1 Esslöffel Kapern, abgetropft
- 1/8 Tasse zerbröckelter Feta-Käse
- Prise schwarzer Pfeffer

Anweisungen:

Nudeln nach Packungsanweisung kochen, dann Öl in einer Pfanne bei mittlerer bis hoher Hitze erhitzen. Den Knoblauch eine halbe Minute kochen und die Garnelen hinzufügen. Noch eine Minute anbraten.

Basilikum und Tomaten hinzufügen, dann die Hitze reduzieren und drei Minuten kochen lassen. Ihre Tomate sollte zart sein.

Oliven und Kapern hinzufügen. Fügen Sie eine Prise schwarzen Pfeffer hinzu und schwenken Sie die Garnelen-Nudel-Mischung zum Servieren. Vor dem heißen Servieren mit Käse garnieren.

Nährwert (pro 100 g): 357 Kalorien, 11 g Fett, 9 g Kohlenhydrate, 30 g Protein, 871 mg Natrium

pochierter Kabeljau

Zubereitungszeit: 10 Minuten

Zeit zu Kochen: 25 Minuten

Portionen: 2

Schwierigkeitsgrad: mittel

Zutaten:

- 2 Kabeljaufilets, 6 Unzen
- Meersalz und schwarzer Pfeffer nach Geschmack.
- 1/4 Tasse trockener Weißwein
- 1/4 Tasse Meeresfrüchtebrühe
- 2 Knoblauchzehen, gehackt
- 1 Lorbeerblatt
- 1/2 Teelöffel gehackter frischer Salbei
- 2 Zweige Rosmarin zum Dekorieren

Anweisungen:

Schalten Sie zunächst den Ofen auf 375 °C ein und würzen Sie die Steaks dann mit Salz und Pfeffer. In eine Auflaufform geben und Brühe, Knoblauch, Wein, Salbei und Lorbeerblatt hinzufügen. Gut abdecken und etwa zwanzig Minuten kochen lassen. Beim Testen mit einer Gabel sollte der Fisch schuppig sein.

Nehmen Sie jedes Filet mit einem Spatel heraus, stellen Sie die Flüssigkeit auf starke Hitze und lassen Sie sie auf die Hälfte reduzieren. Dies sollte zehn Minuten dauern und Sie müssen häufig umrühren. Mit kochender Flüssigkeit übergossen und mit einem Rosmarinzweig garniert servieren.

Nährwert (pro 100 g): 361 Kalorien, 10 g Fett, 9 g Kohlenhydrate, 34 g Protein, 783 mg Natrium

Muscheln in Weißwein

Zubereitungszeit: 5 Minuten

Zeit zu Kochen: 10 Minuten

Portionen: 2

Schwierigkeitsgrad: schwierig

Zutaten:

- 2 Pfund frische lebende Muscheln
- 1 Tasse trockener Weißwein
- 1/4 Teelöffel Meersalz, fein
- 3 Knoblauchzehen, gehackt
- 2 Teelöffel Schalotten, gehackt
- 1/4 Tasse Petersilie, frisch und gehackt, geteilt
- 2 Esslöffel Olivenöl
- 1/4 Zitrone, Saft

Anweisungen:

Nehmen Sie ein Sieb und reiben Sie die Muscheln ab, indem Sie sie mit kaltem Wasser abspülen. Entsorgen Sie Muscheln, die sich nicht schließen, wenn sie zerdrückt werden, und entfernen Sie dann den Bart mit einem Messer.

Nehmen Sie den Topf heraus, stellen Sie ihn auf mittlere bis hohe Hitze und fügen Sie Knoblauch, Schalotten, Wein und Petersilie hinzu. Zum Kochen bringen. Wenn es kocht, die Muscheln hinzufügen und abdecken. Fünf bis sieben Minuten kochen lassen. Stellen Sie sicher, dass sie nicht zu lange kochen.

Entfernen Sie sie mit einem Schaumlöffel und geben Sie Zitronensaft und Olivenöl in die Pfanne. Gut vermischen und die Brühe über die Muscheln gießen, bevor man sie mit Petersilie serviert.

Nährwert (pro 100 g): 345 Kalorien, 9 g Fett, 18 g Kohlenhydrate, 37 g Protein, 693 mg Natrium

Dill-Lachs

Zubereitungszeit: 10 Minuten

Zeit zu Kochen: 15 Minuten

Portionen: 2

Schwierigkeitsgrad: mittel

Zutaten:

- 2 Lachsfilets, je 6 Unzen
- 1 Esslöffel Olivenöl
- 1/2 Mandarine, Saft
- 2 Teelöffel Orangenschale
- 2 Esslöffel Dill, frisch und gehackt
- Meersalz und schwarzer Pfeffer nach Geschmack.

Anweisungen:

Stellen Sie den Ofen auf 375 Grad ein und entfernen Sie dann zwei 25 cm lange Stücke Aluminiumfolie. Reiben Sie die Filets auf beiden Seiten mit Olivenöl ein, bevor Sie sie mit Salz und Pfeffer würzen. Legen Sie jedes Filet auf ein Stück Aluminiumfolie.

Jeweils mit Orangensaft übergießen und mit Orangenschale und Dill garnieren. Falten Sie die Verpackung zu, achten Sie darauf, dass innerhalb der Folie fünf Zentimeter Luft frei bleiben, damit der Fisch garen kann, und legen Sie ihn auf ein Backblech.

Fünfzehn Minuten lang backen, bevor die Päckchen geöffnet und auf zwei Servierteller verteilt werden. Vor dem Servieren jeweils die Soße darübergießen.

Nährwert (pro 100 g): 366 Kalorien, 14 g Fett, 9 g Kohlenhydrate, 36 g Protein, 689 mg Natrium

flacher Lachs

Zubereitungszeit: 8 Minuten

Zeit zu Kochen: 8 Minuten

Portionen: 2

Schwierigkeitsgrad: leicht

Zutaten:

- Lachs, Filet 180 Gramm
- Zitrone, 2 Scheiben
- Kapern, 1 Esslöffel
- Meersalz und Pfeffer, 1/8 TL.
- Extra natives Olivenöl, 1 Esslöffel

Anweisungen:

Stellen Sie eine saubere Pfanne auf mittlere Hitze und lassen Sie sie 3 Minuten lang kochen. Das Olivenöl auf einen Teller geben und den Lachs vollständig bedecken. Den Lachs bei starker Hitze in der Pfanne anbraten.

Den Lachs mit den restlichen Zutaten belegen und von jeder Seite wenden. Beobachten Sie, wann beide Seiten goldbraun sind. Dies kann pro Seite 3-5 Minuten dauern. Stellen Sie sicher, dass der Lachs gar ist, indem Sie ihn mit einer Gabel testen.

Mit Zitronenscheiben servieren.

Nährwert (pro 100 g): 371 Kalorien 25,1 g Fett 0,9 g Kohlenhydrate 33,7 g Protein 782 mg Natrium

Thunfisch-Melodie

Zubereitungszeit: 20 Minuten

Zeit zu Kochen: 20 Minuten

Portionen: 2

Schwierigkeitsgrad: leicht

Zutaten:

- Thunfisch, 12 Unzen
- Frühlingszwiebel, 1 zum Dekorieren
- Paprika, ¼, gehackt
- Essig, 1 Spritzer
- Salz und Pfeffer nach Geschmack
- Avocados, 1, halbiert und entkernt
- Griechischer Joghurt, 2 Esslöffel

Anweisungen:

In einer Schüssel den Thunfisch mit Essig, Zwiebeln, Joghurt, Avocado und Pfeffer vermischen.

Die Gewürze dazugeben, vermischen und mit einer Schnittlauchgarnitur servieren.

Nährwert (pro 100 g): 294 Kalorien, 19 g Fett, 10 g Kohlenhydrate, 12 g Protein, 836 mg Natrium

Meereskäse

Zubereitungszeit: 12 Minuten
Zeit zu Kochen: 25 Minuten
Portionen: 2
Schwierigkeitsgrad: leicht

Zutaten:

- Lachs, Filet 180 Gramm
- getrocknetes Basilikum, 1 Esslöffel
- Käse, 2 Esslöffel, gerieben
- Tomate, 1, in Scheiben geschnitten
- Extra natives Olivenöl, 1 Esslöffel

Anweisungen:

Bereiten Sie einen Ofen bei 375 F vor. Breiten Sie ein Blatt Aluminiumfolie auf einem Backblech aus und besprühen Sie es mit Speiseöl. Den Lachs vorsichtig auf das Backblech legen und mit den restlichen Zutaten belegen.

Den Lachs 20 Minuten bräunen lassen. Fünf Minuten abkühlen lassen und auf eine Servierplatte geben. In der Mitte des Lachses sehen Sie die Füllung.

Nährwert (pro 100 g): 411 Kalorien 26,6 g Fett 1,6 g Kohlenhydrate 8 g Protein 822 mg Natrium

gesunde Steaks

Zubereitungszeit: 10 Minuten

Zeit zu Kochen: 20 Minuten

Portionen: 2

Schwierigkeitsgrad: leicht

Zutaten:

- Olivenöl, 1 Teelöffel
- Heilbuttfilet, 8 Unzen
- Knoblauch, ½ Teelöffel, gehackt
- Butter, 1 Esslöffel
- Salz und Pfeffer nach Geschmack

Anweisungen:

Eine Bratpfanne erhitzen und das Öl hinzufügen. Bei mittlerer Hitze die Filets in einer Pfanne anbraten, die Butter mit dem Knoblauch schmelzen, salzen und pfeffern. Die Filets dazugeben, gut vermischen und servieren.

Nährwert (pro 100 g): 284 Kalorien 17 g Fett 0,2 g Kohlenhydrate 8 g Protein 755 mg Natrium

Lachs mit Kräutern

Zubereitungszeit: 8 Minuten

Zeit zu Kochen: 18 Minuten

Portionen: 2

Schwierigkeitsgrad: leicht

Zutaten:

- Lachs, 2 Filets ohne Haut
- Grobes Salz nach Geschmack
- Extra natives Olivenöl, 1 Esslöffel
- Zitrone, 1, in Scheiben geschnitten
- Frischer Rosmarin, 4 Zweige

Anweisungen:

Ofen auf 400F vorheizen. Legen Sie die Alufolie auf ein Backblech und legen Sie den Lachs darauf. Den Lachs mit den restlichen Zutaten bedecken und 20 Minuten backen. Sofort mit Zitronenspalten servieren.

Nährwert (pro 100 g): 257 Kalorien 18 g Fett 2,7 g Kohlenhydrate 7 g Protein 836 mg Natrium

Glasierter geräucherter Thunfisch

Zubereitungszeit: 35 Minuten

Zeit zu Kochen: 10 Minuten

Portionen: 2

Schwierigkeitsgrad: leicht

Zutaten:

- Thunfisch, 120 Gramm Filets
- Orangensaft, 1 Esslöffel
- Gehackter Knoblauch, ½ Zehe
- Zitronensaft, ½ Teelöffel
- Frische Petersilie, 1 Esslöffel, gehackt
- Sojasauce, 1 Esslöffel
- Extra natives Olivenöl, 1 Esslöffel
- Gemahlener schwarzer Pfeffer, ¼ Teelöffel.
- Oregano, ¼ Teelöffel

Anweisungen:

Wählen Sie eine Salatschüssel und fügen Sie alle Zutaten außer dem Thunfisch hinzu. Gut vermischen und den Thunfisch zur Marinade geben. Stellen Sie die Mischung für eine halbe Stunde in den Kühlschrank. Einen Grill erhitzen und den Thunfisch auf jeder Seite 5 Minuten braten. Nach dem Kochen servieren.

Nährwert (pro 100 g): 200 Kalorien 7,9 g Fett 0,3 g Kohlenhydrate 10 g Protein 734 mg Natrium

Knuspriger Heilbutt

Zubereitungszeit: 20 Minuten
Zeit zu Kochen: 15 Minuten
Portionen: 2
Schwierigkeitsgrad: leicht

Zutaten:

- Petersilie
- Frischer Dill, 2 Esslöffel, gehackt
- Frischer Schnittlauch, 2 Esslöffel, gehackt
- Olivenöl, 1 Esslöffel
- Salz und Pfeffer nach Geschmack
- Heilbutt, Filets, 6 Unzen
- Zitronenschale, ½ Teelöffel, fein gerieben
- Griechischer Joghurt, 2 Esslöffel

Anweisungen:

Ofen auf 400F vorheizen. Ein Backblech mit Alufolie auslegen. Alle Zutaten auf einen großen Teller geben und die Filets marinieren lassen. Filets abspülen und trocknen; Anschließend in den Ofen schieben und 15 Minuten garen.

Nährwert (pro 100 g): 273 Kalorien 7,2 g Fett 0,4 g Kohlenhydrate 9 g Protein 783 mg Natrium

Thunfisch in Form

Zubereitungszeit: 15 Minuten

Zeit zu Kochen: 10 Minuten

Portionen: 2

Schwierigkeitsgrad: leicht

Zutaten:

- Ei, ½
- Zwiebel, 1 Esslöffel, gehackt
- Sellerie
- Salz und Pfeffer nach Geschmack
- Knoblauch, 1 Zehe, gehackt
- Thunfischkonserven, 7 Unzen
- Griechischer Joghurt, 2 Esslöffel

Anweisungen:

Den Thunfisch abtropfen lassen und das Ei und den Joghurt mit Knoblauch, Salz und Pfeffer hinzufügen.

Mischen Sie diese Mischung in einer Schüssel mit der Zwiebel und formen Sie daraus Burger. Nehmen Sie eine große Pfanne und braten Sie die Burger auf jeder Seite 3 Minuten lang an. Abtropfen lassen und servieren.

Nährwert (pro 100 g): 230 Kalorien, 13 g Fett, 0,8 g Kohlenhydrate, 10 g Protein, 866 mg Natrium

Frische und heiße Fischfilets

Zubereitungszeit: 14 Minuten

Zeit zu Kochen: 14 Minuten

Portionen: 2

Schwierigkeitsgrad: leicht

Zutaten:

- Knoblauch, 1 Zehe, gehackt
- Zitronensaft, 1 Esslöffel
- brauner Zucker, 1 Esslöffel
- Heilbuttfilet, 1 Pfund
- Salz und Pfeffer nach Geschmack
- Sojasauce, ¼ Teelöffel
- Butter, 1 Teelöffel
- Griechischer Joghurt, 2 Esslöffel

Anweisungen:

Den Grill bei mittlerer Hitze vorheizen. Butter, Zucker, Joghurt, Zitronensaft, Sojasauce und Gewürze in einer Schüssel vermischen. Die Mischung in einem Topf erhitzen. Begießen Sie das Steak mit dieser Mischung, während es auf dem Grill gart. Heiß servieren.

Nährwert (pro 100 g): 412 Kalorien, 19,4 g Fett, 7,6 g Kohlenhydrate, 11 g Protein, 788 mg Natrium

O'Marine Muscheln

Zubereitungszeit: 20 Minuten

Zeit zu Kochen: 10 Minuten

Portionen: 2

Schwierigkeitsgrad: leicht

Zutaten:

- Muscheln, gereinigt und geschält, 1 Pfund
- Kokosmilch, ½ Tasse
- Cayennepfeffer, 1 Teelöffel
- Frischer Zitronensaft, 1 Esslöffel
- Knoblauch, 1 Teelöffel, gehackt
- Frisch gehackter Koriander zum Dekorieren
- brauner Zucker, 1 Teelöffel

Anweisungen:

Alle Zutaten außer den Muscheln in einem Topf vermischen. Die Mischung erhitzen und zum Kochen bringen. Die Muscheln hinzufügen und 10 Minuten kochen lassen. Auf einem Teller mit der gekochten Flüssigkeit servieren.

Nährwert (pro 100 g): 483 Kalorien 24,4 g Fett 21,6 g Kohlenhydrate 1,2 g Protein 499 mg Natrium

Mediterraner Rinderbraten im Slow Cooker

Zubereitungszeit: 10 Minuten
Zeit zu Kochen: 10 Stunden und 10 Minuten
Portionen: 6
Schwierigkeitsgrad: mittel

Zutaten:

- 3 Pfund Chuck Roast, ohne Knochen
- 2 Teelöffel Rosmarin
- ½ Tasse sonnengetrocknete Tomaten, gehackt
- 10 Knoblauchzehen, gerieben
- ½ Tasse Rinderbrühe
- 2 Esslöffel Balsamico-Essig
- ¼ Tasse gehackte frische italienische Petersilie
- ¼ Tasse gehackte Oliven
- 1 Teelöffel Zitronenschale
- ¼ Tasse Käsegrieß

Anweisungen:

Den Knoblauch, die getrockneten Tomaten und das Roastbeef in die Pfanne geben. Rinderbrühe und Rosmarin hinzufügen. Den Herd schließen und bei schwacher Hitze 10 Stunden kochen lassen.

Nach dem Garen das Fleisch herausnehmen und zerkleinern. Fett wegwerfen. Geben Sie das zerkleinerte Rindfleisch wieder in die Pfanne und kochen Sie es 10 Minuten lang. In einer kleinen Schüssel Zitronenschale, Petersilie und Oliven vermischen. Die Mischung bis zum Servieren kühl stellen. Mit der abgekühlten Mischung garnieren.

Über Nudeln oder Eiernudeln servieren. Mit Käsegrieß bedecken.

Nährwert (pro 100 g): 314 Kalorien, 19 g Fett, 1 g Kohlenhydrate, 32 g Protein, 778 mg Natrium

Mediterranes Slow Cooker-Fleisch mit Artischocken

Installationszeit: 3 Stunden und 20 Minuten
Zeit zu Kochen: 7 Stunden und 8 Minuten
Portionen: 6
Schwierigkeitsgrad: leicht

Zutaten:

- 2 Pfund Rindfleisch zum Eintopf
- 14 Unzen Artischockenherzen
- 1 Esslöffel Traubenkernöl
- 1 Zwiebel, gewürfelt
- 32 Unzen Rinderbrühe
- 4 Knoblauchzehen, gerieben
- 14½ Unzen Dosentomaten, gewürfelt
- 15 Unzen Tomatensauce
- 1 Teelöffel getrockneter Oregano
- ½ Tasse entkernte Oliven, gehackt
- 1 Teelöffel getrocknete Petersilie
- 1 Teelöffel getrockneter Oregano
- ½ Teelöffel Kreuzkümmelpulver
- 1 Teelöffel getrocknetes Basilikum
- 1 Lorbeerblatt
- ½ Teelöffel Salz

Anweisungen:

In eine große beschichtete Pfanne etwas Öl geben und bei mittlerer bis hoher Hitze erhitzen. Fleisch grillen, bis es auf beiden Seiten gebräunt ist. Übertragen Sie das Fleisch in einen Slow Cooker.

Fleischbrühe, Tomatenwürfel, Tomatensauce und Salz hinzufügen und vermischen. Rinderbrühe, Tomatenwürfel, Oregano, Oliven, Basilikum, Petersilie, Lorbeerblatt und Kreuzkümmel hinzufügen. Mischen Sie die Mischung vollständig.

Verschließen und bei schwacher Hitze 7 Stunden garen. Beim Servieren das Lorbeerblatt wegwerfen. Heiß servieren.

Nährwert (pro 100 g): 416 Kalorien 5 g Fett 14,1 g Kohlenhydrate 29,9 g Protein 811 mg Natrium

Lean Slow Cooker Slow Cooker im mediterranen Stil

Zubereitungszeit: 30 Minuten
Kochzeit: 8 Stunden
Portionen: 10
Schwierigkeitsgrad: schwierig

Zutaten:

- 4 Pfund rundes gebratenes Auge
- 4 Knoblauchzehen
- 2 Teelöffel Olivenöl
- 1 Teelöffel frisch gemahlener schwarzer Pfeffer
- 1 Tasse gehackte Zwiebeln
- 4 Karotten gehackt
- 2 Teelöffel getrockneter Rosmarin
- 2 Stangen Sellerie, gehackt
- 28 Unzen zerdrückte Tomaten aus der Dose
- 1 Tasse natriumarme Rinderbrühe
- 1 Glas Rotwein
- 2 Teelöffel Salz

Anweisungen:

Den Braten mit Salz, Knoblauch und Pfeffer würzen und beiseite stellen. Gießen Sie das Öl in eine beschichtete Pfanne und erhitzen Sie es bei mittlerer bis hoher Hitze. Legen Sie das Fleisch auf den

Grill und grillen Sie es, bis es von allen Seiten braun ist. Übertragen Sie nun das Roastbeef in einen 6-Liter-Slow-Cooker. Karotten, Zwiebeln, Rosmarin und Sellerie in die Pfanne geben. Weiter kochen, bis die Zwiebeln und das Gemüse weich sind.

Zu dieser Gemüsemischung die Tomaten und den Wein hinzufügen. Geben Sie die Rindfleisch-Tomatenbrühe-Mischung mit der Gemüsemischung in den Slow Cooker. Verschließen und bei schwacher Hitze 8 Stunden garen.

Sobald das Fleisch gegart ist, nehmen Sie es aus dem Slow Cooker, legen Sie es auf ein Schneidebrett und wickeln Sie es in Aluminiumfolie ein. Um die Soße anzudicken, geben Sie sie in einen Topf und lassen Sie sie köcheln, bis die gewünschte Konsistenz erreicht ist. Fette vor dem Servieren wegwerfen.

Nährwert (pro 100 g): 260 Kalorien 6 g Fett 8,7 g Kohlenhydrate 37,6 g Protein 588 mg Natrium

Slow Cooker-Hackbraten

Zubereitungszeit: 10 Minuten

Zeit zu Kochen: 6 Stunden und 10 Minuten

Portionen: 8

Schwierigkeitsgrad: mittel

Zutaten:

- 2 Pfund gemahlener Bison
- 1 geriebene Zucchini
- 2 große Eier
- Nach Bedarf Olivenöl darüber träufeln
- 1 gehackte Zucchini
- ½ Tasse frische Petersilie, fein gehackt
- ½ Tasse geriebener Parmesan
- 3 Esslöffel Balsamico-Essig
- 4 Knoblauchzehen, gerieben
- 2 Esslöffel gehackte Zwiebel
- 1 Esslöffel getrockneter Oregano
- ½ Teelöffel gemahlener schwarzer Pfeffer
- ½ Teelöffel koscheres Salz
- Zur Decke:
- ¼ Tasse geriebener Mozzarella-Käse
- ¼ Tasse ungesüßte Tomatensauce
- ¼ Tasse frisch gehackte Petersilie

Anweisungen:

Legen Sie die Innenseite eines 6-Liter-Slowcookers mit Aluminiumfolie aus. Besprühen Sie es mit antihaftbeschichtetem Speiseöl.

In einer großen Schüssel gemahlenes Bison oder extradünnes Lendenstück, Zucchini, Eier, Petersilie, Balsamico-Essig, Knoblauch, getrockneten Oregano, Meersalz oder koscheres Salz, gehackte getrocknete Zwiebeln und gemahlenen schwarzen Pfeffer vermischen.

Geben Sie diese Mischung in den Slow Cooker und formen Sie sie zu einem länglichen Laib. Die Hitze abdecken, zum Köcheln bringen und 6 Stunden kochen lassen. Nach dem Garen den Herd öffnen und den Ketchup auf dem Hackbraten verteilen.

Legen Sie nun den Käse als neue Schicht auf den Ketchup und schließen Sie den Slow Cooker. Lassen Sie den Hackbraten etwa 10 Minuten lang auf diesen beiden Schichten ruhen oder bis der Käse zu schmelzen beginnt. Mit frischer Petersilie und geriebenem Mozzarella garnieren.

Nährwert (pro 100 g): 320 Kalorien, 2 g Fett, 4 g Kohlenhydrate, 26 g Protein, 681 mg Natrium

Mediterrane Fleischstücke im Slow Cooker

Zubereitungszeit: 10 Minuten

Kochzeit: 13 Stunden

Portionen: 6

Schwierigkeitsgrad: mittel

Zutaten:

- 3 Pfund mageres Roastbeef
- ½ Teelöffel Zwiebelpulver
- ½ Teelöffel schwarzer Pfeffer
- 3 Tassen natriumarme Rinderbrühe
- 4 Teelöffel Vinaigrette
- 1 Lorbeerblatt
- 1 Esslöffel gehackter Knoblauch
- 2 rote Paprika, in dünne Streifen geschnitten
- 16 Unzen Peperoncino
- 8 Scheiben Provolone Sargento, dünn
- 2 Unzen glutenfreies Brot
- ½ Teelöffel Salz
- <u>Jahreszeit:</u>
- 1½ Esslöffel Zwiebelpulver
- 1 ½ Esslöffel Knoblauchpulver
- 2 Esslöffel getrocknete Petersilie

- 1 Esslöffel Stevia
- ½ Teelöffel getrockneter Thymian
- 1 Esslöffel getrockneter Oregano
- 2 Esslöffel schwarzer Pfeffer
- 1 Esslöffel Salz
- 6 Scheiben Käse

Anweisungen:

Den Braten mit einem Papiertuch trocken tupfen. Kombinieren Sie schwarzen Pfeffer, Zwiebelpulver und Salz in einer kleinen Schüssel und reiben Sie die Mischung über den Braten. Geben Sie den gewürzten Braten in einen Slow Cooker.

Brühe, Dressingmischung, Lorbeerblatt und Knoblauch in den Slow Cooker geben. Mischen Sie es vorsichtig. Verschließen und 12 Stunden bei schwacher Hitze ruhen lassen. Nach dem Garen das Lorbeerblatt entfernen.

Das gegarte Fleisch herausnehmen und zerkleinern. Geben Sie das zerkleinerte Fleisch zurück und fügen Sie die Paprika hinzu. Paprika und Peperoncino in einen Slow Cooker geben. Den Herd abdecken und bei schwacher Hitze 1 Stunde kochen lassen. Garnieren Sie jedes Brötchen vor dem Servieren mit 85 Gramm der Fleischmischung. Mit einer Scheibe Käse bedecken. Die flüssige Soße kann als Soße verwendet werden.

Nährwert (pro 100 g): 442 Kalorien 11,5 g Fett 37 g Kohlenhydrate 49 g Protein 735 mg Natrium

Mediterraner Schweinebraten

Zubereitungszeit: 10 Minuten

Zeit zu Kochen: 8 Stunden und 10 Minuten

Portionen: 6

Schwierigkeitsgrad: mittel

Zutaten:

- 2 Esslöffel Olivenöl
- 2 Pfund Schweinebraten
- ½ Teelöffel Paprika
- ¾ Tasse Hühnerbrühe
- 2 Teelöffel getrockneter Salbei
- ½ Esslöffel gehackter Knoblauch
- ¼ Teelöffel getrockneter Majoran
- ¼ Teelöffel getrockneter Rosmarin
- 1 Teelöffel Oregano
- ¼ Teelöffel getrockneter Thymian
- 1 Teelöffel Basilikum
- ¼ Teelöffel koscheres Salz

Anweisungen:

In einer kleinen Schüssel Brühe, Öl, Salz und Gewürze vermischen. Geben Sie das Olivenöl in eine Bratpfanne und erhitzen Sie es bei mittlerer bis hoher Hitze. Das Schweinefleisch dazugeben und grillen, bis es von allen Seiten gebräunt ist.

Nehmen Sie das Schweinefleisch nach dem Garen heraus und stechen Sie den gesamten Braten mit einem Messer ein. Legen Sie den gemahlenen Schweinebraten in einen 6-Liter-Slow-Cooker. Nun die Flüssigkeit aus der kleinen Schüssel über den Braten gießen.

Den Tontopf verschließen und bei schwacher Hitze 8 Stunden kochen lassen. Nehmen Sie es nach dem Kochen aus dem Topf, legen Sie es auf ein Schneidebrett und brechen Sie es in Stücke. Anschließend das Pulled Pork wieder in den Slow Cooker geben. Weitere 10 Minuten kochen lassen. Mit Fetakäse, Fladenbrot und Tomaten servieren.

Nährwert (pro 100 g): 361 Kalorien 10,4 g Fett 0,7 g Kohlenhydrate 43,8 g Protein 980 mg Natrium

Fleischpizza

Zubereitungszeit: 20 Minuten

Zeit zu Kochen: 50 Minuten

Portionen: 10

Schwierigkeitsgrad: schwierig

Zutaten:

- Für die Kruste:
- 3 Tassen Allzweckmehl
- 1 Löffel Zucker
- 2¼ Teelöffel aktive Trockenhefe
- 1 Teelöffel Salz
- 2 Esslöffel Olivenöl
- 1 Tasse heißes Wasser
- Für das Cover:
- 1 Kilo Hackfleisch
- 1 mittelgroße Zwiebel, gehackt
- 2 Esslöffel Tomatenmark
- 1 Esslöffel gemahlener Kreuzkümmel
- Bei Bedarf Salz und gemahlenen schwarzen Pfeffer hinzufügen
- ¼ Tasse Wasser
- 1 Tasse gehackter frischer Spinat
- 8 Unzen Artischockenherzen, in Viertel geteilt
- 4 Unzen frische Pilze, in Scheiben geschnitten

- 2 gehackte Tomaten
- 4 Unzen Feta-Käse, zerbröselt

Anweisungen:

Für die Kruste:

Mehl, Zucker, Hefe und Salz in einer Küchenmaschine mit dem Knethaken verrühren. 2 Esslöffel Öl und warmes Wasser hinzufügen und verkneten, bis ein weicher und elastischer Teig entsteht.

Aus dem Teig eine Kugel formen und etwa 15 Minuten ruhen lassen.

Den Teig auf eine leicht bemehlte Fläche legen und zu einem Kreis ausrollen. Legen Sie den Teig auf eine leicht gefettete runde Pizzaform und drücken Sie ihn leicht an, damit er passt. Etwa 10–15 Minuten ruhen lassen. Den Boden mit etwas Öl bestreichen. Den Ofen auf 400 Grad F vorheizen.

Für das Cover:

Das Fleisch in einer beschichteten Pfanne bei mittlerer bis hoher Hitze etwa 4–5 Minuten braten. Die Zwiebel hinzufügen und unter ständigem Rühren etwa 5 Minuten kochen lassen. Tomatenmark, Kreuzkümmel, Salz, schwarzen Pfeffer und Wasser hinzufügen und gut vermischen.

Die Hitze auf mittlere Stufe stellen und etwa 5 bis 10 Minuten kochen lassen. Vom Herd nehmen und beiseite stellen. Die

Fleischmischung über den Pizzaboden gießen und mit Spinat belegen, gefolgt von Artischocken, Pilzen, Tomaten und Feta-Käse.

Kochen, bis der Käse schmilzt. Aus dem Ofen nehmen und vor dem Schneiden etwa 3 bis 5 Minuten ruhen lassen. In Scheiben der gewünschten Größe schneiden und servieren.

Nährwert (pro 100 g): 309 Kalorien 8,7 g Fett 3,7 g Kohlenhydrate 3,3 g Protein 732 mg Natrium

Rindfleisch- und Bulgur-Fleischbällchen

Zubereitungszeit: 20 Minuten

Zeit zu Kochen: 28 Minuten

Portionen: 6

Schwierigkeitsgrad: mittel

Zutaten:

- ¾ Tasse roher Bulgur
- 1 Kilo Hackfleisch
- ¼ Tasse Schalotten, gehackt
- ¼ Tasse gehackte frische Petersilie
- ½ Teelöffel gemahlener Piment
- ½ Teelöffel gemahlener Kreuzkümmel
- ½ Teelöffel gemahlener Zimt
- ¼ Teelöffel rote Paprikaflocken, zerstoßen
- Nach Bedarf salzen
- 1 Esslöffel Olivenöl

Anweisungen:

Den Bulgur in einer großen Schüssel mit kaltem Wasser etwa 30 Minuten einweichen. Lassen Sie den Weizen gut abtropfen und drücken Sie ihn dann mit den Händen aus, um überschüssiges Wasser zu entfernen. Bulgur, Fleisch, Schalotten, Petersilie, Gewürze und Salz in eine Küchenmaschine geben und glatt rühren.

Geben Sie die Mischung in eine Schüssel und stellen Sie sie abgedeckt etwa 30 Minuten lang in den Kühlschrank. Aus dem Kühlschrank nehmen und die Fleischmasse zu gleichgroßen Kugeln formen. In einer großen beschichteten Pfanne das Öl bei mittlerer bis hoher Hitze erhitzen und die Fleischbällchen in zwei Portionen etwa 13 bis 14 Minuten lang braten, dabei häufig wenden. Heiß servieren.

Nährwert (pro 100 g): 228 Kalorien 7,4 g Fett 0,1 g Kohlenhydrate 3,5 g Protein 766 mg Natrium

Leckeres Fleisch und Brokkoli

Zubereitungszeit: 10 Minuten

Zeit zu Kochen: 15 Minuten

Portionen: 4

Schwierigkeitsgrad: leicht

Zutaten:

- 1 Pfund und ½. Flanksteak
- 1 Esslöffel. Öl
- 1 Esslöffel. Tamari-Sauce
- 1 Tasse Rinderbrühe
- 1 Pfund Brokkoli, Röschen getrennt

Anweisungen:

Die Steakstreifen mit Öl und Tamari vermischen, wenden und 10 Minuten beiseite stellen. Stellen Sie Ihren Instant Pot auf den Anbraten-Modus, legen Sie die Rindfleischstreifen hinein und braten Sie sie 4 Minuten pro Seite an. Die Brühe hinzufügen, den Topf wieder abdecken und bei starker Hitze 8 Minuten kochen lassen. Den Brokkoli dazugeben, abdecken und bei starker Hitze weitere 4 Minuten kochen lassen. Alles auf Teller verteilen und servieren. Dank!

Nährwert (pro 100 g): 312 Kalorien, 5 g Fett, 20 g Kohlenhydrate, 4 g Protein, 694 mg Natrium

Mais-Chili mit Fleisch

Zubereitungszeit: 8-10 Minuten
Zeit zu Kochen: 30 Minuten
Portionen: 8
Schwierigkeitsgrad: mittel

Zutaten:

- 2 kleine Zwiebeln gehackt (fein)
- ¼ Tasse Dosenmais
- 1 Esslöffel Öl
- 10 Unzen mageres Rinderhackfleisch
- 2 kleine Paprika, gehackt

Anweisungen:

Schalten Sie den Instant Pot ein. Klicken Sie auf „Springen". Gießen Sie das Öl hinein und fügen Sie die Zwiebel, Chili und das Fleisch hinzu; kochen, bis es glasig und weich ist. Gießen Sie die 3 Tassen Wasser in den Topf; gut mischen.

Mach den Deckel zu. Wählen Sie „FLEISCH/EINTOPF". Stellen Sie den Timer auf 20 Minuten ein. Lassen Sie es kochen, bis der Timer stoppt.

Klicken Sie auf „ABBRECHEN" und dann auf „NPR", um den natürlichen Druck für etwa 8 bis 10 Minuten abzulassen. Öffnen Sie die Form und stellen Sie sie auf Servierteller. Teilnehmen.

Nährwert (pro 100 g): 94 Kalorien, 5 g Fett, 2 g Kohlenhydrate, 7 g Protein, 477 mg Natrium

Balsamico-Fleischgericht

Zubereitungszeit: 5 Minuten

Zeit zu Kochen: 55 Minuten

Portionen: 8

Schwierigkeitsgrad: mittel

Zutaten:

- 3 Pfund Roastbeef
- 3 Knoblauchzehen, in dünne Scheiben geschnitten
- 1 Esslöffel Öl
- 1 Teelöffel aromatisierter Essig
- ½ Teelöffel Pfeffer
- ½ Teelöffel Rosmarin
- 1 Esslöffel Butter
- ½ Teelöffel Thymian
- ¼ Tasse Balsamico-Essig
- 1 Tasse Rinderbrühe

Anweisungen:

Die Scheiben in Braten schneiden und mit Knoblauchscheiben füllen. Aromatisierten Essig, Rosmarin, Pfeffer und Thymian vermischen und den Braten damit einreiben. Wählen Sie die

Bratpfanne aus und mischen Sie das Öl darin. Lassen Sie das Öl erhitzen. Beide Seiten des Bratens anbraten.

Entfernen Sie es und reservieren Sie es. Butter, Brühe und Balsamico-Essig hinzufügen und die Glasur aus der Pfanne nehmen. Zum Grill zurückkehren und den Deckel schließen, dann 40 Minuten lang bei HOHEM Druck garen.

Führen Sie eine Schnellfreigabe durch. Teilnehmen!

Nährwert (pro 100 g): 393 Kalorien, 15 g Fett, 25 g Kohlenhydrate, 37 g Protein, 870 mg Natrium

Roastbeef-Sojasauce

Zubereitungszeit: 8 Minuten

Zeit zu Kochen: 35 Minuten

Portionen: 2-3

Schwierigkeitsgrad: mittel

Zutaten:

- ½ Teelöffel Rinderbrühe
- 1 ½ Teelöffel Rosmarin
- ½ Teelöffel gehackter Knoblauch
- 2 Pfund Roastbeef
- 1/3 Tasse Sojasauce

Anweisungen:

Sojasauce, Brühe, Rosmarin und Knoblauch in einer Schüssel vermischen.

Schalten Sie Ihren Instant Pot ein. Platzieren Sie den Braten und gießen Sie so viel Wasser hinein, dass der Braten bedeckt ist. Vorsichtig umrühren, um alles zu vermischen. Gut verschließen.

Klicken Sie auf die Garfunktion „FLEISCH/STEW"; Stellen Sie die Druckstufe auf „HIGH" und die Garzeit auf 35 Minuten. Lassen Sie den Druck aufbauen, um die Zutaten zu garen. Wenn Sie fertig sind, klicken Sie auf die Einstellung „ABBRECHEN" und dann auf die Kochfunktion „NPR", um den Druck auf natürliche Weise abzubauen.

Öffnen Sie langsam den Deckel und zerkleinern Sie das Fleisch. Das zerkleinerte Fleisch mit der Blumenerde vermischen und gut vermischen. In Servierschüsseln füllen. Heiß servieren.

Nährwert (pro 100 g): 423 Kalorien, 14 g Fett, 12 g Kohlenhydrate, 21 g Protein, 884 mg Natrium

Alecrim Roastbeef

Zubereitungszeit: 5 Minuten

Zeit zu Kochen: 45 Minuten

Portionen: 5-6

Schwierigkeitsgrad: mittel

Zutaten:

- 3 Pfund Roastbeef
- 3 Knoblauchzehen
- ¼ Tasse Balsamico-Essig
- 1 Zweig frischer Rosmarin
- 1 Zweig frischer Thymian
- 1 Tasse Wasser
- 1 Esslöffel Pflanzenöl
- Salz und Pfeffer nach Geschmack

Anweisungen:

Die Roastbeefscheiben hacken und die Knoblauchzehen darauf legen. Den Braten mit Kräutern, schwarzem Pfeffer und Salz einreiben. Heizen Sie Ihren Instant Pot mit der Sauté-Funktion vor und gießen Sie das Öl hinein. Sobald es heiß ist, das Roastbeef dazugeben und kurz anbraten, bis es von allen Seiten braun ist. Restliche Zutaten hinzufügen; Vorsichtig umrühren.

Gut verschließen und bei starker Hitze 40 Minuten im manuellen Modus garen. Lassen Sie den Druck etwa 10 Minuten lang auf natürliche Weise ablassen. Roastbeef aufdecken, auf Servierteller legen, in Scheiben schneiden und servieren.

Nährwert (pro 100 g): 542 Kalorien 11,2 g Fett 8,7 g Kohlenhydrate 55,2 g Protein 710 mg Natrium

Schweinekoteletts und Tomatensauce

Zubereitungszeit: 10 Minuten
Zeit zu Kochen: 20 Minuten
Portionen: 4
Schwierigkeitsgrad: leicht

Zutaten:

- 4 Schweinekoteletts ohne Knochen
- 1 Esslöffel Sojasauce
- ¼ Teelöffel Sesamöl
- 1 und ½ Tassen Tomatenmark
- 1 gelbe Zwiebel
- 8 Pilze in Scheiben geschnitten

Anweisungen:

In einer Schüssel die Schweinekoteletts mit der Sojasauce und dem Sesamöl vermengen, vermischen und 10 Minuten ruhen lassen. Stellen Sie Ihren Instant Pot auf den Anbraten-Modus, fügen Sie die Schweinekoteletts hinzu und braten Sie sie 5 Minuten pro Seite an. Die Zwiebel hinzufügen und weitere 1-2 Minuten kochen lassen. Tomatenmark und Pilze dazugeben, vermischen, abdecken und bei starker Hitze 8 bis 9 Minuten kochen lassen. Alles auf Teller verteilen und servieren. Dank!

Nährwert (pro 100 g): 300 Kalorien, 7 g Fett, 18 g Kohlenhydrate, 4 g Protein, 801 mg Natrium

Hähnchen mit Kapernsauce

Zubereitungszeit: 10 Minuten

Zeit zu Kochen: 18 Minuten

Portionen: 5

Schwierigkeitsgrad: schwierig

Zutaten:

- Für das Huhn:
- 2 Eier
- Bei Bedarf Salz und gemahlenen schwarzen Pfeffer hinzufügen
- 1 Tasse trockene Semmelbrösel
- 2 Esslöffel Olivenöl
- Ein Pfund Hähnchenbrust ohne Knochen und Haut, auf ¾ Zoll Dicke zerkleinert und in Stücke geschnitten
- Für die Kapernsauce:
- 3 Esslöffel Kapern
- ½ Tasse trockener Weißwein
- 3 Esslöffel frischer Zitronensaft
- Bei Bedarf Salz und gemahlenen schwarzen Pfeffer hinzufügen
- 2 Esslöffel frische Petersilie, gehackt

Anweisungen:

Für das Huhn: Eier, Salz und schwarzen Pfeffer in eine flache Schüssel geben und gut verrühren. In einen weiteren tiefen Teller legen wir die Semmelbrösel. Hähnchenstücke in die Eimischung tauchen und gleichmäßig mit Semmelbröseln bestreichen. Überschüssige Semmelbrösel abschütteln.

Erhitzen Sie das Öl bei mittlerer Hitze und braten Sie die Hähnchenstücke auf jeder Seite etwa 5–7 Minuten lang oder bis sie wie gewünscht gar sind. Legen Sie die Hähnchenstücke mit einem Schaumlöffel auf einen mit saugfähigem Papier ausgelegten Teller. Decken Sie die Hähnchenteile mit einem Stück Aluminiumfolie ab, um sie warm zu halten.

Alle Saucenzutaten außer der Petersilie in die gleiche Pfanne geben und unter ständigem Rühren etwa 2-3 Minuten kochen lassen. Petersilie hinzufügen und vom Herd nehmen. Die mit der Kapernsauce bedeckten Hähnchenstücke servieren.

Nährwert (pro 100 g): 352 Kalorien 13,5 g Fett 1,9 g Kohlenhydrate 1,2 g Protein 741 mg Natrium

Putenburger mit Mangosauce

Zubereitungszeit: 15 Minuten

Zeit zu Kochen: 10 Minuten

Portionen: 6

Schwierigkeitsgrad: leicht

Zutaten:

- 1 ½ Pfund gemahlene Putenbrust
- 1 Teelöffel Meersalz, geteilt
- ¼ Teelöffel frisch gemahlener schwarzer Pfeffer
- 2 Esslöffel natives Olivenöl extra
- 2 Mangos, geschält, entkernt und gewürfelt
- ½ rote Zwiebel, gehackt
- Saft von 1 Zitrone
- 1 Knoblauchzehe, gehackt
- ½ Jalapenopfeffer, entkernt und fein gehackt
- 2 Esslöffel gehackte frische Korianderblätter

Anweisungen:

Aus der Putenbrust 4 Patties formen und mit ½ Teelöffel Meersalz und Pfeffer würzen. Das Öl in einer beschichteten Pfanne erhitzen, bis es zu schimmern beginnt. Die Putenburger dazugeben und auf jeder Seite etwa 5 Minuten goldbraun braten. Während die Burger garen, Mango, rote Zwiebel, Limettensaft, Knoblauch, Jalapeno, Koriander und den restlichen ½ Teelöffel Meersalz in einer kleinen Schüssel vermischen. Die Soße über die Putenburger gießen und servieren.

Nährwert (pro 100 g): 384 Kalorien, 3 g Fett, 27 g Kohlenhydrate, 34 g Protein, 692 mg Natrium

Gebratene Putenbrust mit Kräutern

Zubereitungszeit: 15 Minuten

Zeit zu Kochen: 1h30 (plus 20 Minuten Pause)

Portionen: 6

Schwierigkeitsgrad: mittel

Zutaten:

- 2 Esslöffel natives Olivenöl extra
- 4 Knoblauchzehen, gehackt
- Schale von 1 Zitrone
- 1 Esslöffel gehackte frische Thymianblätter
- 1 Esslöffel gehackte frische Rosmarinblätter
- 2 Esslöffel frische italienische Petersilienblätter
- 1 Teelöffel gemahlener Senf
- 1 Teelöffel Meersalz
- ¼ Teelöffel frisch gemahlener schwarzer Pfeffer
- 1 (6 Pfund) Putenbrust mit Knochen und Haut
- 1 Tasse trockener Weißwein

Anweisungen:

Heizen Sie den Ofen auf 325 °F vor. Kombinieren Sie Olivenöl, Knoblauch, Zitronenschale, Thymian, Rosmarin, Petersilie, Senf, Meersalz und Pfeffer. Streichen Sie die Kräutermischung gleichmäßig über die Oberfläche der Putenbrust, lösen Sie dabei die Haut und reiben Sie sie auch darunter. Legen Sie die

Putenbrust mit der Hautseite nach oben in einen Bräter auf einem Rost.

Den Wein in den Topf gießen. 1 bis 1 1/2 Stunden lang braten, bis der Truthahn eine Innentemperatur von 165 Grad F erreicht hat. Aus dem Ofen nehmen und vor dem Tranchieren 20 Minuten lang separat mit Aluminiumfolie abgedeckt warm halten.

Nährwert (pro 100 g): 392 Kalorien, 1 g Fett, 2 g Kohlenhydrate, 84 g Protein, 741 mg Natrium

Hähnchen-Paprika-Wurst

Zubereitungszeit: 10 Minuten

Zeit zu Kochen: 20 Minuten

Portionen: 6

Schwierigkeitsgrad: mittel

Zutaten:

- 2 Esslöffel natives Olivenöl extra
- 6 italienische Hühnerwürste
- 1 Zwiebel
- 1 rote Paprika
- 1 grüne Paprika
- 3 Knoblauchzehen, gehackt
- ½ Tasse trockener Weißwein
- ½ Teelöffel Meersalz
- ¼ Teelöffel frisch gemahlener schwarzer Pfeffer
- Nehmen Sie die Paprikaflocken auf.

Anweisungen:

Öl in einer großen Pfanne erhitzen, bis es zu schimmern beginnt. Fügen Sie die Wurst hinzu und kochen Sie sie 5 bis 7 Minuten lang unter gelegentlichem Wenden, bis sie braun ist und eine Innentemperatur von 165 °F erreicht. Nehmen Sie die Wurst mit einer Zange aus der Pfanne und legen Sie sie auf einen mit Papiertüchern ausgelegten Teller. Aluminium, um sie warm zu halten. .

Stellen Sie die Pfanne wieder auf den Herd und fügen Sie die Zwiebel, die rote und die grüne Paprika hinzu. Unter gelegentlichem Rühren kochen, bis das Gemüse anfängt zu bräunen. Den Knoblauch hinzufügen und 30 Sekunden lang unter ständigem Rühren kochen.

Wein, Meersalz, Pfeffer und rote Pfefferflocken hinzufügen. Entfernen Sie alle gebräunten Stücke vom Boden der Pfanne und fügen Sie sie hinzu. Unter Rühren noch etwa 4 Minuten kochen, bis die Flüssigkeit auf die Hälfte reduziert ist. Die Paprika über die Würstchen streuen und servieren.

Nährwert (pro 100 g): 173 Kalorien, 1 g Fett, 6 g Kohlenhydrate, 22 g Protein, 582 mg Natrium

Gehacktes Hähnchen

Zubereitungszeit: 10 Minuten
Zeit zu Kochen: 15 Minuten
Portionen: 6
Schwierigkeitsgrad: mittel

Zutaten:

- ½ Tasse Vollkornmehl
- ½ Teelöffel Meersalz
- 1/8 Teelöffel frisch gemahlener schwarzer Pfeffer
- 1 ½ Pfund Hähnchenbrust, in 6 Stücke geschnitten
- 3 Esslöffel natives Olivenöl extra
- 1 Tasse ungesalzene Hühnerbrühe
- ½ Tasse trockener Weißwein
- Saft von 1 Zitrone
- Schale von 1 Zitrone
- ¼ Tasse Kapern, abgetropft und abgespült
- ¼ Tasse gehackte frische Petersilienblätter

Anweisungen:

In einer flachen Schüssel Mehl, Meersalz und Pfeffer vermischen. Hähnchen mit Mehl bestäuben und überschüssiges Mehl abschütteln. Das Öl erhitzen, bis es zu köcheln beginnt.

Legen Sie das Hähnchen hinein und braten Sie es auf jeder Seite etwa 4 Minuten lang, bis es goldbraun ist. Nehmen Sie das

Hähnchen aus der Pfanne, legen Sie es beiseite und legen Sie es mit Aluminiumfolie aus, um es warm zu halten.

Stellen Sie die Pfanne wieder auf den Herd und geben Sie Brühe, Wein, Zitronensaft, Zitronenschale und Kapern hinzu. Verwenden Sie die Seite eines Löffels und geben Sie die gebräunten Stücke vom Boden der Pfanne hinzu. Kochen, bis die Flüssigkeit eindickt. Nehmen Sie die Pfanne vom Herd und legen Sie das Huhn wieder in die Pfanne. Zum Beschichten wenden. Petersilie hinzufügen und servieren.

Nährwert (pro 100 g): 153 Kalorien, 2 g Fett, 9 g Kohlenhydrate, 8 g Protein, 692 mg Natrium

toskanisches Huhn

Zubereitungszeit: 10 Minuten
Zeit zu Kochen: 25 Minuten
Portionen: 6
Schwierigkeitsgrad: schwierig

Zutaten:

- ¼ Tasse natives Olivenöl extra, geteilt
- Ein Pfund Hähnchenbrust ohne Knochen und Haut, in ¾-Zoll-Stücke geschnitten
- 1 gehackte Zwiebel
- 1 rote Paprika gehackt
- 3 Knoblauchzehen, gehackt
- ½ Tasse trockener Weißwein
- 1 Dose (14 Unzen) zerkleinerte Tomaten, nicht abgetropft
- 1 Dose zerdrückte Tomaten, abgetropft
- 1 Dose (14 Unzen) weiße Bohnen, abgetropft
- 1 Esslöffel trockenes italienisches Gewürz
- ½ Teelöffel Meersalz
- 1/8 Teelöffel frisch gemahlener schwarzer Pfeffer
- 1/8 Teelöffel rote Paprikaflocken
- ¼ Tasse gehackte frische Basilikumblätter

Anweisungen:

2 Esslöffel Olivenöl erhitzen, bis es zu schimmern beginnt. Hähnchen hinzufügen und braten, bis es braun ist. Nehmen Sie das

Hähnchen aus der Pfanne und legen Sie es zum Warmhalten auf eine mit Folie ausgelegte Platte.

Stellen Sie die Pfanne wieder auf den Herd und erhitzen Sie das restliche Öl. Zwiebel und rote Paprika hinzufügen. Kochen und gelegentlich umrühren, bis das Gemüse weich ist. Den Knoblauch hinzufügen und 30 Sekunden lang unter ständigem Rühren kochen.

Fügen Sie den Wein hinzu und kratzen Sie mit der Seite des Löffels alle braunen Stücke vom Boden der Pfanne ab. Unter Rühren 1 Minute kochen lassen.

Fügen Sie die zerdrückten und gehackten Tomaten, weißen Bohnen, italienische Gewürze, Meersalz, Pfeffer und rote Pfefferflocken hinzu. Lass es kochen. 5 Minuten kochen lassen, dabei gelegentlich umrühren.

Geben Sie das Huhn und den angesammelten Saft wieder in die Pfanne. Kochen, bis das Huhn gar ist. Vom Herd nehmen und vor dem Servieren Basilikum unterrühren.

Nährwert (pro 100 g): 271 Kalorien, 8 g Fett, 29 g Kohlenhydrate, 14 g Protein, 596 mg Natrium

Kapama-Huhn

Zubereitungszeit: 10 Minuten

Kochzeit: 2 Stunden

Portionen: 4

Schwierigkeitsgrad: mittel

Zutaten:

- 1 Dose (32 Unzen) gehackte Tomaten, abgetropft
- ¼ Tasse trockener Weißwein
- 2 Esslöffel Tomatenmark
- 3 Esslöffel natives Olivenöl extra
- ¼ Teelöffel rote Paprikaflocken
- 1 Teelöffel gemahlener Piment
- ½ Teelöffel getrockneter Oregano
- 2 ganze Nelken
- 1 Zimtstange
- ½ Teelöffel Meersalz
- 1/8 Teelöffel frisch gemahlener schwarzer Pfeffer
- 4 Hähnchenbrusthälften ohne Knochen und Haut

Anweisungen:

Tomaten, Wein, Tomatenmark, Olivenöl, rote Paprikaflocken, Piment, Oregano, Nelken, Zimtstange, Meersalz und Pfeffer in einem großen Topf vermischen. Unter gelegentlichem Rühren zum Kochen bringen. 30 Minuten köcheln lassen, dabei gelegentlich umrühren. Entfernen Sie alle Nelken und Zimtstangen aus der Sauce, werfen Sie sie weg und lassen Sie sie abkühlen.

Heizen Sie den Ofen auf 350 °F vor. Legen Sie das Hähnchen in eine 9 x 13 Zoll große Auflaufform. Die Soße über das Hähnchen gießen und die Pfanne mit Alufolie abdecken. Weiter kochen, bis eine Innentemperatur von 165 °F erreicht ist.

Nährwert (pro 100 g): 220 Kalorien, 3 g Fett, 11 g Kohlenhydrate, 8 g Protein, 923 mg Natrium

Hähnchenbrust gefüllt mit Spinat und Fetakäse

Zubereitungszeit: 10 Minuten
Zeit zu Kochen: 45 Minuten
Portionen: 4
Schwierigkeitsgrad: mittel

Zutaten:

- 2 Esslöffel natives Olivenöl extra
- 1 Pfund frischer Spinat
- 3 Knoblauchzehen, gehackt
- Schale von 1 Zitrone
- ½ Teelöffel Meersalz
- 1/8 Teelöffel frisch gemahlener schwarzer Pfeffer
- ½ Tasse zerbröckelter Feta-Käse
- 4 Hähnchenbrustfilets ohne Knochen und Haut

Anweisungen:

Heizen Sie den Ofen auf 350 °F vor. Kochen Sie das Olivenöl bei mittlerer Hitze, bis es zu schimmern beginnt. Den Spinat hinzufügen. Weiter kochen und umrühren, bis es weich ist.

Knoblauch, Zitronenschale, Meersalz und Pfeffer hinzufügen. Unter ständigem Rühren 30 Sekunden kochen lassen. Etwas abkühlen lassen und mit dem Käse vermischen.

Verteilen Sie die Spinat-Käse-Mischung gleichmäßig auf den Hähnchenstücken und wickeln Sie die Brust um die Füllung. Mit Zahnstochern oder Fleischergarn befestigen. Legen Sie die Brüste in eine 9 x 13 Zoll große Auflaufform und backen Sie sie 30 bis 40 Minuten lang oder bis das Huhn eine Innentemperatur von 165 °F hat. Nehmen Sie es aus dem Ofen und lassen Sie es 5 Minuten ruhen, bevor Sie es in Scheiben schneiden und servieren.

Nährwert (pro 100 g): 263 Kalorien, 3 g Fett, 7 g Kohlenhydrate, 17 g Protein, 639 mg Natrium

Gebratene Hähnchenschenkel mit Rosmarin

Zubereitungszeit: 5 Minuten
Kochzeit: 1 Stunde
Portionen: 6
Schwierigkeitsgrad: leicht

Zutaten:

- 2 Esslöffel gehackte frische Rosmarinblätter
- 1 Teelöffel Knoblauchpulver
- ½ Teelöffel Meersalz
- 1/8 Teelöffel frisch gemahlener schwarzer Pfeffer
- Schale von 1 Zitrone
- 12 Hähnchenschenkel

Anweisungen:

Heizen Sie den Ofen auf 350 °F vor. Fügen Sie Rosmarin, Knoblauchpulver, Meersalz, Pfeffer und Zitronenschale hinzu.

Legen Sie die Trommelstöcke in eine 23 x 33 cm große Auflaufform und bestreuen Sie sie mit der Rosmarinmischung. Braten, bis das Hähnchen eine Innentemperatur von 165 °F erreicht.

Nährwert (pro 100 g): 163 Kalorien, 1 g Fett, 2 g Kohlenhydrate, 26 g Protein, 633 mg Natrium

Hähnchen mit Zwiebeln, Kartoffeln, Feigen und Karotten.

Zubereitungszeit: 5 Minuten
Zeit zu Kochen: 45 Minuten
Portionen: 4
Schwierigkeitsgrad: mittel

Zutaten:

- 2 Tassen kleine Kartoffeln, halbiert
- 4 frische Feigen, in Viertel geschnitten
- 2 Karotten, julieniert
- 2 Esslöffel natives Olivenöl extra
- 1 Teelöffel Meersalz, geteilt
- ¼ Teelöffel frisch gemahlener schwarzer Pfeffer
- 4 Hähnchenschenkelviertel
- 2 Esslöffel gehackte frische Petersilienblätter

Anweisungen:

Den Ofen auf 200 °C vorheizen. In einer kleinen Schüssel die Kartoffeln, Feigen und Karotten mit Olivenöl, ½ Teelöffel Meersalz und Pfeffer vermischen. In einer 9 x 13 Zoll großen Auflaufform verteilen.

Das Hähnchen mit dem restlichen Meersalz würzen. Über das Gemüse legen. Braten, bis das Gemüse zart ist und das Hähnchen eine Innentemperatur von 165 °F erreicht. Mit Petersilie bestreuen und servieren.

Nährwert (pro 100 g): 429 Kalorien, 4 g Fett, 27 g Kohlenhydrate, 52 g Protein, 581 mg Natrium

Chicken Twists mit Tzatziki

Zubereitungszeit: 15 Minuten

Zeit zu Kochen: 1 Stunde und 20 Minuten

Portionen: 6

Schwierigkeitsgrad: mittel

Zutaten:

- Ein halbes Pfund Hähnchenbrust
- 1 Zwiebel, gerieben und überschüssiges Wasser herausgedrückt
- 2 Esslöffel getrockneter Rosmarin
- 1 Esslöffel getrockneter Majoran
- 6 Knoblauchzehen, gehackt
- ½ Teelöffel Meersalz
- ¼ Teelöffel frisch gemahlener schwarzer Pfeffer
- Tzatziki Sauce

Anweisungen:

Heizen Sie den Ofen auf 350 °F vor. Kombinieren Sie Hühnchen, Zwiebeln, Rosmarin, Majoran, Knoblauch, Meersalz und Pfeffer in einer Küchenmaschine. Mischen, bis die Mischung eine Paste bildet. Sie können diese Zutaten auch in einer Schüssel verrühren, bis alles gut vermischt ist (siehe Zubereitungstipp).

Drücken Sie die Mischung in eine Kastenform. Kochen, bis eine Innentemperatur von 165 Grad erreicht ist. Aus dem Ofen nehmen und vor dem Schneiden 20 Minuten ruhen lassen.

Das Gyros aufschneiden und die Tzatziki-Sauce darüber gießen.

Nährwert (pro 100 g): 289 Kalorien, 1 g Fett, 20 g Kohlenhydrate, 50 g Protein, 622 mg Natrium

Moussaka

Zubereitungszeit: 10 Minuten

Zeit zu Kochen: 45 Minuten

Portionen: 8

Schwierigkeitsgrad: schwierig

Zutaten:

- 5 Esslöffel natives Olivenöl extra, geteilt
- 1 Aubergine, in Scheiben geschnitten (mit Schale)
- 1 gehackte Zwiebel
- 1 grüne Paprika, entkernt und gehackt
- Ein halbes Pfund gemahlener Truthahn
- 3 Knoblauchzehen, gehackt
- 2 Esslöffel Tomatenmark
- 1 Dose zerdrückte Tomaten, abgetropft
- 1 Esslöffel italienisches Gewürz
- 2 Teelöffel Worcestershire-Sauce
- 1 Teelöffel getrockneter Oregano
- ½ Teelöffel gemahlener Zimt
- 1 Tasse fettfreier, ungesüßter griechischer Joghurt
- 1 geschlagenes Ei
- ¼ Teelöffel frisch gemahlener schwarzer Pfeffer
- ¼ Teelöffel gemahlene Muskatnuss
- ¼ Tasse geriebener Parmesan
- 2 Esslöffel gehackte frische Petersilienblätter

Anweisungen:

Heizen Sie den Ofen auf 400 °F vor. Kochen Sie 3 Esslöffel Olivenöl, bis es zu schimmern beginnt. Fügen Sie die Auberginenscheiben hinzu und braten Sie sie auf jeder Seite 3 bis 4 Minuten lang an. Zum Abtropfen auf Papiertücher geben.

Stellen Sie die Pfanne wieder auf den Herd und gießen Sie die restlichen 2 Esslöffel Olivenöl hinein. Fügen Sie die Zwiebel und den grünen Pfeffer hinzu. Weiter kochen, bis das Gemüse zart ist. Aus der Pfanne nehmen und beiseite stellen.

Bringen Sie die Pfanne zum Erhitzen und fügen Sie den Truthahn hinzu. Etwa 5 Minuten kochen lassen, dabei mit einem Löffel auflockern, bis es goldbraun ist. Den Knoblauch hinzufügen und 30 Sekunden lang unter ständigem Rühren kochen.

Tomatenmark, Tomaten, italienische Gewürze, Worcestershire-Sauce, Oregano und Zimt hinzufügen. Zwiebel und Paprika wieder in die Pfanne geben. Unter Rühren 5 Minuten kochen lassen. Joghurt, Ei, Pfeffer, Muskatnuss und Käse verrühren.

Geben Sie die Hälfte der Fleischmischung in eine 9 x 15 Zoll große Auflaufform. Mit der Hälfte der Aubergine belegen. Den Rest der Fleischmischung und die restlichen Auberginen hinzufügen. Joghurtmischung verteilen. Goldbraun kochen. Mit Petersilie garnieren und servieren.

Nährwert (pro 100 g): 338 Kalorien, 5 g Fett, 16 g Kohlenhydrate, 28 g Protein, 569 mg Natrium

Schweinelende mit Kräutern und Dijon

Zubereitungszeit: 10 Minuten
Zeit zu Kochen: 30 Minuten
Portionen: 6
Schwierigkeitsgrad: mittel

Zutaten:

- ½ Tasse frische italienische Petersilienblätter, gehackt
- 3 Esslöffel frische Rosmarinblätter, gehackt
- 3 Esslöffel frische Thymianblätter, gehackt
- 3 Esslöffel Dijon-Senf
- 1 Esslöffel natives Olivenöl extra
- 4 Knoblauchzehen, gehackt
- ½ Teelöffel Meersalz
- ¼ Teelöffel frisch gemahlener schwarzer Pfeffer
- 1 Schweinelende (1 ½ Pfund)

Anweisungen:

Ofen auf 400 °F vorheizen. Petersilie, Rosmarin, Thymian, Senf, Olivenöl, Knoblauch, Meersalz und Pfeffer hinzufügen. Etwa 30 Sekunden lang verarbeiten, bis eine glatte Masse entsteht. Verteilen Sie die Mischung gleichmäßig auf dem Schweinefleisch und legen Sie es auf ein Backblech mit Rand.

Braten, bis das Fleisch eine Innentemperatur von 140 °F erreicht hat. Aus dem Ofen nehmen und 10 Minuten ruhen lassen, bevor es in Scheiben geschnitten und serviert wird.

Nährwert (pro 100 g): 393 Kalorien, 3 g Fett, 5 g Kohlenhydrate, 74 g Protein, 697 mg Natrium

Steak in Rotwein-Pilzsauce

Installationszeit: Minuten plus 8 Stunden zum Marinieren

Zeit zu Kochen: 20 Minuten

Portionen: 4

Schwierigkeitsgrad: schwierig

Zutaten:

- <u>Für die Marinade und das Steak</u>
- 1 Glas trockener Rotwein
- 3 Knoblauchzehen, gehackt
- 2 Esslöffel natives Olivenöl extra
- 1 Esslöffel natriumarme Sojasauce
- 1 Esslöffel getrockneter Thymian
- 1 Teelöffel Dijon-Senf
- 2 Esslöffel natives Olivenöl extra
- 1 bis 1 ½ Pfund Flanksteak, Flatsteak oder Tri-Tip-Steak
- <u>Für die Pilzsoße</u>
- 2 Esslöffel natives Olivenöl extra
- Ein halbes Kilo Cremini-Pilze, in Viertel geteilt
- ½ Teelöffel Meersalz
- 1 Teelöffel getrockneter Thymian
- 1/8 Teelöffel frisch gemahlener schwarzer Pfeffer
- 2 Knoblauchzehen, gehackt
- 1 Glas trockener Rotwein

Anweisungen:

Für die Marinade und das Steak

In einer kleinen Schüssel Wein, Knoblauch, Olivenöl, Sojasauce, Thymian und Senf vermischen. In einen wiederverschließbaren Beutel füllen und das Steak hinzufügen. Das Steak im Kühlschrank 4 bis 8 Stunden lang marinieren lassen. Steak aus der Marinade nehmen und mit Papiertüchern trocken tupfen.

Öl in einer großen Pfanne erhitzen, bis es zu schimmern beginnt.

Legen Sie das Steak auf und braten Sie es auf jeder Seite etwa 4 Minuten lang, bis es auf jeder Seite tief gebräunt ist und das Steak eine Innentemperatur von 140 °F erreicht hat. Nehmen Sie das Steak aus der Pfanne und legen Sie es auf einen mit Aluminiumfolie bedeckten Teller, um es warm zu halten.. erhitzt, während die Pilzsauce zubereitet wird.

Wenn die Pilzsauce fertig ist, schneiden Sie das Steak gegen die Faser in ½ Zoll dicke Scheiben.

Um die Pilzsauce zuzubereiten

Das Öl in derselben Pfanne bei mittlerer bis hoher Hitze erhitzen. Pilze, Meersalz, Thymian und Pfeffer hinzufügen. Unter seltenem Rühren etwa 6 Minuten kochen lassen, bis die Pilze goldbraun sind.

Den Knoblauch anbraten. Fügen Sie den Wein hinzu und kratzen Sie mit der Seite eines Holzlöffels alle gebräunten Stücke vom Boden der Pfanne ab. Kochen, bis die Flüssigkeit auf die Hälfte reduziert ist. Die Pilze über das Steak geben.

Nährwert (pro 100 g): 405 Kalorien, 5 g Fett, 7 g Kohlenhydrate, 33 g Protein, 842 mg Natrium

Griechische Fleischbällchen

Zubereitungszeit: 20 Minuten

Zeit zu Kochen: 25 Minuten

Portionen: 4

Schwierigkeitsgrad: mittel

Zutaten:

- 2 Scheiben Vollkornbrot
- 1¼ Pfund gemahlener Truthahn
- 1 Ei
- ¼ Tasse gewürzte Vollkorn-Semmelbrösel
- 3 Knoblauchzehen, gehackt
- ¼ geriebene rote Zwiebel
- ¼ Tasse gehackte frische italienische Petersilienblätter
- 2 Esslöffel gehackte frische Minzblätter
- 2 Esslöffel gehackte frische Oreganoblätter
- ½ Teelöffel Meersalz
- ¼ Teelöffel frisch gemahlener schwarzer Pfeffer

Anweisungen:

Heizen Sie den Ofen auf 350 °F vor. Legen Sie Pergamentpapier oder Aluminiumfolie auf ein Backblech. Führen Sie das Brot durch Wasser, um es anzufeuchten, und drücken Sie den Überschuss heraus. Das feuchte Brot in kleine Stücke reiben und in eine mittelgroße Schüssel geben.

Truthahn, Ei, Semmelbrösel, Knoblauch, rote Zwiebel, Petersilie, Minze, Oregano, Meersalz und Pfeffer hinzufügen. Gut mischen. Formen Sie aus der Mischung Kugeln in der Größe einer Vierteltasse. Legen Sie die Fleischbällchen auf das vorbereitete Backblech und backen Sie sie etwa 25 Minuten lang oder bis die Innentemperatur 165 °F erreicht.

Nährwert (pro 100 g): 350 Kalorien, 6 g Fett, 10 g Kohlenhydrate, 42 g Protein, 842 mg Natrium

Lamm mit Bohnen

Zubereitungszeit: 10 Minuten

Kochzeit: 1 Stunde

Portionen: 6

Schwierigkeitsgrad: schwierig

Zutaten:

- ¼ Tasse natives Olivenöl extra, geteilt
- 6 Lammkoteletts, ohne zusätzliches Fett
- 1 Teelöffel Meersalz, geteilt
- ½ Teelöffel frisch gemahlener schwarzer Pfeffer
- 2 Esslöffel Tomatenmark
- 1 ½ Tassen heißes Wasser
- 1 Pfund grüne Bohnen, geschält und halbiert
- 1 gehackte Zwiebel
- 2 gehackte Tomaten

Anweisungen:

2 Esslöffel Olivenöl in einer großen Pfanne erhitzen, bis es zu schimmern beginnt. Die Lammkoteletts mit ½ Teelöffel Meersalz und 1/8 Teelöffel Pfeffer würzen. Das Lammfleisch in heißem Öl auf jeder Seite etwa 4 Minuten braten, bis es auf beiden Seiten braun ist. Das Fleisch auf einen Teller legen und beiseite stellen.

Stellen Sie die Pfanne wieder auf den Herd und geben Sie die restlichen 2 Esslöffel Olivenöl hinzu. Erhitzen, bis es zu glühen beginnt.

In einer Schüssel das Tomatenmark in heißem Wasser schmelzen. Mit grünen Bohnen, Zwiebeln, Tomaten und dem restlichen ½ Teelöffel Meersalz und ¼ Teelöffel Pfeffer in die heiße Pfanne geben. Zum Kochen bringen und mit der Seite eines Löffels alle gebräunten Stücke vom Boden der Pfanne abkratzen.

Die Lammkoteletts wieder in die Pfanne geben. Zum Kochen bringen und die Hitze auf mittlere bis niedrige Stufe einstellen. 45 Minuten lang kochen, bis die Bohnen weich sind, dabei nach Bedarf mehr Wasser hinzufügen, um die Dicke der Soße anzupassen.

Nährwert (pro 100 g): 439 Kalorien, 4 g Fett, 10 g Kohlenhydrate, 50 g Protein, 745 mg Natrium

Hähnchen mit Balsamico-Tomatensauce

Zubereitungszeit: 10 Minuten

Zeit zu Kochen: 20 Minuten

Portionen: 4

Schwierigkeitsgrad: mittel

Zutaten

- 2 (8 Unzen oder je 226,7 g) Hähnchenbrust ohne Knochen und Haut
- ½ Teelöffel Salz
- ½ Teelöffel gemahlener Pfeffer
- 3 Esslöffel natives Olivenöl extra
- ½ Teelöffel Kirschtomaten, halbiert
- 2 Esslöffel. geschnittene Schalotte
- ¼ Teelöffel Balsamico-Essig
- 1 Esslöffel. Gehackter Knoblauch
- 1 Esslöffel. geröstete Fenchelsamen, zerstoßen
- 1 Esslöffel. Butter

Anweisungen:

Schneiden Sie die Hähnchenbrüste in vier Stücke und klopfen Sie sie mit einem Holzhammer, bis sie ¼ Zoll dick sind. Verwenden Sie jeweils ¼ Teelöffel Pfeffer und Salz, um das Huhn zu bestreichen. Zwei Esslöffel Öl in einer Bratpfanne bei mittlerer Hitze erhitzen. Hähnchenbrust auf beiden Seiten drei Minuten braten. Auf einen Servierteller legen und zum Warmhalten mit Alufolie abdecken.

Einen Esslöffel Öl, Zwiebeln und Tomaten in eine Pfanne geben und kochen, bis sie weich sind. Fügen Sie den Essig hinzu und kochen Sie die Mischung, bis der Essig halbiert ist. Fenchelsamen, Knoblauch, Salz und Pfeffer hinzufügen und etwa vier Minuten kochen lassen. Vom Herd nehmen und Butter hinzufügen. Diese Soße über das Hähnchen gießen und servieren.

Nährwert (pro 100 g): 294 Kalorien, 17 g Fett, 10 g Kohlenhydrate, 2 g Protein, 639 mg Natrium

Brauner Reis, Feta-Käse, frische Erbsen und Minzsalat

Zubereitungszeit: 10 Minuten
Zeit zu Kochen: 25 Minuten
Portionen: 4
Schwierigkeitsgrad: leicht

Zutaten:

- 2 Zimmer. Integraler Reis
- 3 Zimmer. Wasser
- Salz
- 5 Unzen oder 141,7 g zerbröckelter Feta-Käse
- 2 Zimmer. gekochte Erbsen
- ½ Teelöffel gehackte Minze, frisch
- 2 Esslöffel. Öl
- Salz und Pfeffer

Anweisungen:

Den braunen Reis, Wasser und Salz in einen Topf geben und bei mittlerer Hitze erhitzen, abdecken und zum Kochen bringen. Reduzieren Sie die Hitze auf eine niedrige Stufe und kochen Sie, bis sich das Wasser auflöst und der Reis weich, aber zäh ist.

vollständig abkühlen lassen

Feta, Erbsen, Minze, Olivenöl, Salz und Pfeffer mit dem abgekühlten Reis in eine Salatschüssel geben und vermengen. Servieren und genießen!

Nährwert (pro 100 g): 613 Kalorien 18,2 g Fett 45 g Kohlenhydrate 12 g Protein 755 mg Natrium

Vollkornbrot gefüllt mit Oliven und Kichererbsen

Zubereitungszeit: 10 Minuten
Zeit zu Kochen: 20 Minuten
Portionen: 2
Schwierigkeitsgrad: mittel

Zutaten:

- 2 volle Pita-Taschen
- 2 Esslöffel. Öl
- 2 Knoblauchzehen, gehackt
- 1 gehackte Zwiebel
- ½ Teelöffel Kreuzkümmel
- 10 gehackte schwarze Oliven
- 2 Zimmer. gekochte Kichererbsen
- Salz und Pfeffer

Anweisungen:

Schneiden Sie die Pita-Taschen ab und bewahren Sie sie auf. Stellen Sie die Hitze auf mittlere Stufe und stellen Sie stattdessen einen Topf hinein. Das Öl hinzufügen und erhitzen. Kombinieren Sie Knoblauch, Zwiebel und Kreuzkümmel in der heißen Pfanne und rühren Sie um, während die Zwiebel weicher wird und der Kreuzkümmel aromatisch wird. Oliven, Kichererbsen, Salz und

Pfeffer hinzufügen und verrühren, bis die Kichererbsen goldbraun sind.

Nehmen Sie die Pfanne vom Herd und zerdrücken Sie die Kichererbsen mit Ihrem Holzlöffel, sodass einige intakt bleiben und andere zerdrückt werden. Erhitzen Sie das Fladenbrot in der Mikrowelle, im Ofen oder in einer sauberen Pfanne auf dem Herd.

Füllen Sie sie mit Ihrer Kichererbsenmischung und genießen Sie!

Nährwert (pro 100 g): 503 Kalorien, 19 g Fett, 14 g Kohlenhydrate, 15,7 g Protein, 798 mg Natrium

Geröstete Karotten mit Walnüssen und Cannellini-Bohnen

Zubereitungszeit: 10 Minuten
Zeit zu Kochen: 45 Minuten
Portionen: 4
Schwierigkeitsgrad: mittel

Zutaten:

- 4 geschälte Karotten, gehackt
- je 1. Walnüsse
- 1 Esslöffel. Schatz
- 2 Esslöffel. Öl
- 2 Zimmer. Cannellini-Bohnen aus der Dose, abgetropft
- 1 Zweig frischer Thymian
- Salz und Pfeffer

Anweisungen:

Stellen Sie den Ofen auf 204 °C (400 °F) ein und legen Sie ein Back- oder Backblech mit Backpapier aus. Legen Sie die Karotten und Walnüsse auf das Backblech oder Backblech. Streuen Sie Olivenöl und Honig über die Karotten und Nüsse und reiben Sie alles aneinander, um sicherzustellen, dass jedes Stück damit bedeckt ist.

Die Bohnen auf dem Blech verteilen und in die Karotten und Walnüsse geben.

Den Thymian dazugeben und alles mit Salz und Pfeffer bestreuen. Das Blech in den Ofen schieben und etwa 40 Minuten backen.

Servieren und genießen

Nährwert (pro 100 g): 385 Kalorien, 27 g Fett, 6 g Kohlenhydrate, 18 g Protein, 859 mg Natrium

Mit Butter gewürztes Hühnchen

Zubereitungszeit: 10 Minuten

Zeit zu Kochen: 25 Minuten

Portionen: 4

Schwierigkeitsgrad: mittel

Zutaten:

- ½ Teelöffel Schlagsahne
- 1 Esslöffel. Salz
- ½ Teelöffel Knochenbrühe
- 1 Esslöffel. Pfeffer
- 4 Esslöffel Butter
- 4 Hähnchenbrusthälften

Anweisungen:

Legen Sie das Backblech bei mittlerer Hitze in den Ofen und geben Sie einen Esslöffel Butter hinein. Wenn die Butter heiß und geschmolzen ist, das Hähnchen dazugeben und auf jeder Seite fünf Minuten braten. Am Ende dieser Zeit sollte das Hähnchen gar und gebräunt sein; Wenn ja, legen Sie es einfach auf einen Teller.

Als nächstes geben Sie die Knochenbrühe in den Topf. Crème fraîche, Salz und Pfeffer hinzufügen. Lassen Sie die Pfanne dann stehen, bis die Soße zu kochen beginnt. Lassen Sie diesen Vorgang fünf Minuten lang ablaufen, damit die Soße eindickt.

Zum Schluss geben Sie die restliche Butter und das Hühnchen zurück in die Pfanne. Achten Sie darauf, die Soße mit einem Löffel über das Hähnchen zu gießen und es vollständig zu bedecken. Teilnehmen

Nährwert (pro 100 g): 350 Kalorien, 25 g Fett, 10 g Kohlenhydrate, 25 g Protein, 869 mg Natrium

Hähnchen mit Doppelkäse und Speck

Zubereitungszeit: 10 Minuten

Zeit zu Kochen: 30 Minuten

Portionen: 4

Schwierigkeitsgrad: leicht

Zutaten:

- 4 Unzen oder 113 g. Frischkäse
- je 1. Cheddar-Käse
- 8 Scheiben Speck
- Meersalz
- Pfeffer
- 2 Knoblauchzehen, gehackt
- Hühnerbrust
- 1 Esslöffel. Speckfett oder Butter

Anweisungen:

Stellen Sie den Ofen auf 400 F / 204 C ein. Schneiden Sie die Hähnchenbrüste in zwei Hälften, um sie dünner zu machen.

Mit Salz, Pfeffer und Knoblauch würzen. Eine Auflaufform mit Butter einfetten und die Hähnchenbrüste hineinlegen. Frischkäse und Cheddar-Käse zu den Brüsten geben.

Fügen Sie auch die Speckscheiben hinzu. Stellen Sie das Blech für 30 Minuten in den Ofen. Heiß servieren.

Nährwert (pro 100 g): 610 Kalorien, 32 g Fett, 3 g Kohlenhydrate, 38 g Protein, 759 mg Natrium

Zitronen-Paprika-Garnelen

Zubereitungszeit: 10 Minuten
Zeit zu Kochen: 10 Minuten
Portionen: 4
Schwierigkeitsgrad: leicht

Zutaten:

- 40 geschälte und ausgewachsene Garnelen
- 6 Knoblauchzehen, gehackt
- Salz und schwarzer Pfeffer
- 3 Esslöffel Öl
- ¼ Teelöffel Paprika
- Eine Prise zerstoßene rote Paprikaflocken
- ¼ Teelöffel Zitronenschale
- 3 Esslöffel Sherry oder anderer Wein
- 1½ TL. geschnittener Schnittlauch
- Saft von 1 Zitrone

Anweisungen:

Stellen Sie die Hitze auf mittelhoch und stellen Sie stattdessen einen Topf hinein.

Olivenöl und Garnelen hinzufügen, mit Pfeffer und Salz bestreuen und 1 Minute kochen lassen. Paprika, Knoblauch und Chiliflocken hinzufügen, umrühren und 1 Minute kochen lassen. Den Sherry vorsichtig hinzufügen und eine weitere Minute kochen lassen.

Garnelen vom Herd nehmen, Schalotten und Zitronenschale hinzufügen, umrühren und Garnelen auf Teller verteilen. Den Zitronensaft hinzufügen und servieren.

Nährwert (pro 100 g): 140 Kalorien, 1 g Fett, 5 g Kohlenhydrate, 18 g Protein, 694 mg Natrium

Panierter und gewürzter Heilbutt

Zubereitungszeit: 5 Minuten

Zeit zu Kochen: 25 Minuten

Portionen: 4

Schwierigkeitsgrad: leicht

Zutaten:

- ¼ Teelöffel gehackter frischer Schnittlauch
- ¼ Teelöffel gehackter frischer Dill
- ¼ Teelöffel gemahlener schwarzer Pfeffer
- ¾ TL. Panko Brotkrumen
- 1 Esslöffel. Natives Olivenöl extra
- 1 Tasse fein geriebene Zitronenschale
- 1 Tasse Meersalz
- 1/3 TL. gehackte frische Petersilie
- 4 (jeweils 6 oz bzw. 170 g) Heilbuttfilets

Anweisungen:

In einer mittelgroßen Schüssel das Olivenöl und die restlichen Zutaten außer den Heilbuttfilets und den Semmelbröseln verrühren.

Die Heilbuttfilets in die Mischung geben und 30 Minuten marinieren. Den Ofen auf 204 °C (400 °F) vorheizen. Die Form auf das Backblech stellen und mit Kochspray einsprühen. Die Filets in Semmelbröseln wenden und auf das Teigblatt legen. 20 Minuten backen und heiß servieren.

Nährwert (pro 100 g): 667 Kalorien, 24,5 g Fett, 2 g Kohlenhydrate, 54,8 g Protein, 756 mg Natrium

Currylachs mit Senf

Zubereitungszeit: 10 Minuten

Zeit zu Kochen: 20 Minuten

Portionen: 4

Schwierigkeitsgrad: leicht

Zutaten:

- ¼ Teelöffel gemahlener roter Pfeffer oder Chilipulver
- ¼ Teelöffel gemahlener Kurkuma
- ¼ Teelöffel Salz
- 1 Tasse Schatz
- ¼ Teelöffel Knoblauchpulver
- 2 Esslöffel. altmodischer Senf
- 4 (jeweils 6 Unzen oder 170 g) Lachsfilets

Anweisungen:

In einer Schüssel den Senf und die restlichen Zutaten außer dem Lachs vermischen. Den Ofen auf 176 °C (350 °F) vorheizen. Ein Backblech mit Kochspray bestreichen. Legen Sie den Lachs mit der Hautseite nach unten auf das Backblech und verteilen Sie die Senfmischung gleichmäßig auf der Oberfläche der Filets. In den Ofen geben und 10 bis 15 Minuten backen, bis es flockig ist.

Nährwert (pro 100 g): 324 Kalorien 18,9 g Fett 1,3 g Kohlenhydrate 34 g Protein 593 mg Natrium

Lachs in Walnuss-Rosmarin-Kruste

Zubereitungszeit: 10 Minuten

Zeit zu Kochen: 25 Minuten

Portionen: 4

Schwierigkeitsgrad: mittel

Zutaten:

- 1 Pfund oder 450 g. gefrorenes Lachsfilet ohne Haut
- 2 Esslöffel. dijon Senf
- 1 Knoblauchzehe, gehackt
- ¼ Teelöffel Zitronenschale
- ½ Teelöffel Honig
- ½ Teelöffel koscheres Salz
- 1 Tasse frisch gehackter Rosmarin
- 3 Esslöffel Panko-Semmelbrösel
- ¼ Teelöffel zerstoßener roter Pfeffer
- 3 Esslöffel gehackte Walnüsse
- 2 Teelöffel natives Olivenöl extra

Anweisungen:

Stellen Sie den Ofen auf 215 °C (420 °F) ein und legen Sie ein umrandetes Backblech mit Backpapier aus. In einer Schüssel Senf, Zitronenschale, Knoblauch, Zitronensaft, Honig, Rosmarin, zerstoßenen roten Pfeffer und Salz vermischen. In einer anderen Schüssel Walnüsse, Panko und 1 EL vermengen. Teelöffel Öl. Legen

Sie das Backpapier auf das Backblech und legen Sie den Lachs darauf.

Die Senfmischung über den Fisch verteilen und mit der Panko-Mischung belegen. Das restliche Olivenöl leicht über den Lachs träufeln. Mit einer Gabel etwa 10 bis 12 Minuten backen oder bis der Lachs zerfällt. Heiß servieren

Nährwert (pro 100 g): 222 Kalorien 12 g Fett 4 g Kohlenhydrate 0,8 g Protein 812 mg Natrium

Schnelle Spaghetti mit Tomaten

Zubereitungszeit: 10 Minuten

Zeit zu Kochen: 25 Minuten

Portionen: 4

Schwierigkeitsgrad: mittel

Zutaten:

- 8 Unzen oder 226,7 g Spaghetti
- 3 Esslöffel Öl
- 4 Knoblauchzehen, in Scheiben geschnitten
- 1 Jalapeno, in Scheiben geschnitten
- 2 Zimmer. Kirschtomate
- Salz und Pfeffer
- 1 Tasse Balsamico-Essig
- ½ Teelöffel geriebener Parmesan

Anweisungen:

Einen großen Topf Wasser bei mittlerer Hitze zum Kochen bringen. Eine Prise Salz hinzufügen und zum Kochen bringen, dann die Spaghetti hinzufügen. 8 Minuten kochen lassen. Während die Nudeln kochen, erhitzen Sie das Öl in einer Pfanne und fügen Sie Knoblauch und Jalapeno hinzu. Noch 1 Minute kochen lassen und dann die Tomaten, Pfeffer und Salz hinzufügen.

5 bis 7 Minuten kochen, bis die Haut der Tomate platzt.

Den Essig hinzufügen und vom Herd nehmen. Die Spaghetti gut abtropfen lassen und mit der Tomatensauce vermischen. Mit Käse bestreuen und sofort servieren.

Nährwert (pro 100 g): 298 Kalorien 13,5 g Fett 10,5 g Kohlenhydrate 8 g Protein 749 mg Natrium

Gebackener Käse mit Oregano und Pfeffer

Zubereitungszeit: 10 Minuten

Zeit zu Kochen: 25 Minuten

Portionen: 4

Schwierigkeitsgrad: leicht

Zutaten:

- 8 Unzen oder 226,7 g Feta-Käse
- 4 Unzen oder 113 g Mozzarella, gerieben
- 1 gehackte Chili
- 1 Tasse getrockneter Oregano
- 2 Esslöffel. Öl

Anweisungen:

Den Feta in eine kleine, tiefe Auflaufform geben. Mit Mozzarella belegen und mit Pfeffer- und Oreganoscheiben würzen. Decken Sie Ihren Topf mit einem Deckel ab. Im vorgeheizten Ofen bei 176 °C 20 Minuten backen. Den Käse servieren und genießen.

Nährwert (pro 100 g): 292 Kalorien 24,2 g Fett 5,7 g Kohlenhydrate 2 g Protein 733 mg Natrium

311. Knuspriges italienisches Hähnchen

Zubereitungszeit: 10 Minuten

Zeit zu Kochen: 30 Minuten

Portionen: 4

Schwierigkeitsgrad: leicht

Zutaten:

- 4 Hähnchenschenkel
- 1 Tasse getrocknetes Basilikum
- 1 Tasse getrockneter Oregano
- Salz und Pfeffer
- 3 Esslöffel Öl
- 1 Esslöffel. Balsamico Essig

Anweisungen:

Das Hähnchen gut mit Basilikum und Oregano würzen. In einer Bratpfanne das Öl hinzufügen und erhitzen. Das Hähnchen in das heiße Öl geben. Lassen Sie jede Seite 5 Minuten lang goldbraun braten und decken Sie die Pfanne dann mit einem Deckel ab.

Stellen Sie die Hitze auf mittlere Stufe und braten Sie es 10 Minuten lang auf einer Seite. Wenden Sie das Hähnchen dann einige Male und braten Sie es weitere 10 Minuten lang, bis es knusprig ist. Das Hähnchen servieren und genießen.

Nährwert (pro 100 g): 262 Kalorien 13,9 g Fett 11 g Kohlenhydrate 32,6 g Protein 693 mg Natrium

www.ingramcontent.com/pod-product-compliance
Lightning Source LLC
Chambersburg PA
CBHW071331110526
44591CB00010B/1101